AF305480

UNIVERSITÉ DE FRANCE.

ACADÉMIE DE STRASBOURG.

ACTE PUBLIC

POUR LA LICENCE

PRÉSENTÉ

A LA FACULTÉ DE DROIT DE STRASBOURG

ET SOUTENU PUBLIQUEMENT

LE VENDREDI 21 FÉVRIER 1862, A MIDI,

PAR

GEORGE KOB,

(DE STRASBOURG BAS-RHIN).

STRASBOURG,

TYPOGRAPHIE DE G. SILBERMANN, PLACE SAINT-THOMAS, 3.

1862.

A LA MÉMOIRE DE MON PÈRE.

A MA MÈRE.

GEORGE KOB.

FACULTÉ DE DROIT DE STRASBOURG.

MM. Aubry O✳ . . . . . . doyen et prof. de Code Napoléon.
Hepp ✳ . . . . professeur de Droit des gens.
Heimburger . . . . . professeur de Droit romain.
Thieriet ✳ . . . . . professeur de Droit commercial.
Rau ✳ . . . . professeur de Code Napoléon.
Lamache ✳ . . . . . professeur de Droit administratif.
Destrais . . . . . . professeur de procédure civile et de
                  droit criminel.
Mugnier . . . . professeur de Code Napoléon.
N. . . . . professeur de Droit romain.

MM. Lederlin, agrégé.
Cassain, agrégé.

M. Bécourt, officier de l'Université, secrétaire, agent compt.

MM. Heimburger, président de l'acte public.
Thieriet,
Rau,   } examinateurs.
Lederlin,

La Faculté n'entend approuver ni désapprouver les opinions particulières au candidat.

TABLE DES MATIÈRES.

JUS ROMANUM.

DE PROBATIONIBUS GENERATIM ET SPECIALITER DE PRÆSUMPTIONIBUS.

DROIT CIVIL FRANÇAIS.

DE LA PREUVE EN GÉNÉRAL ET DES PRÉSOMPTIONS EN PARTICULIER.

DROIT ADMINISTRATIF.

DES ATTRIBUTIONS DES CONSEILS DE PRÉFECTURE EN MATIÈRE CONTENTIEUSE.

JUS ROMANUM.

De probationibus generatim et specialiter de præsumptionibus.

PARS PRIMA.

DE PROBATIONE GENERATIM.

CAPUT PRIMUM.

PROLEGOMENA.

Illa pars juris quæ philosophica est, sine ulla contestatione esse obligationes tollique docetur; sed, re ipsa sæpissimè fit quod factum vel jus, ab una litigantium parte asseveratum, ab altera negetur : quod cùm fit, modis judicialibus requirenda est veritas, ut judex rem certam habeat et compertam. Modi autem jure præbiti ad rem judici certam et compertam faciendam, vocantur probationes.

Probatio igitur dici potest : actus judicialis quo litigantes judici de facto controverso fidem faciunt (Wesemb., in tit. *D.*, *De probat.*, nº 2).

Præcipuum ergo judicis officium, ut constet fides veri, id est ut sibi dari jubeat probationes, easque datas adhibeat et ponderet; nam, postquam a prætore accepit formulam, quæ de facto et de rebus de quibus agitur certiorem eum facit, probationes auditi, et litem terminat sententia his probationibus suffulta.

Probationes quæ offeruntur judici, sunt eæ quæ probationes facti vocantur. Probationes juris enim a probationibus facti jurisconsulti distinguere solent. Jus probare, id est, quum constet factum, de legibus quæ ad hoc factum pertinent disceptare; factum vero probare, id est, facere ut factum inter partes controversum, judici constans videatur.

Quum de probationibus generatim agitur, hoc solum de probationibus facti intelligendum est ; probationes enim seu quæstiones juris, non sunt aliud quam ipsius legis interpretatio, qua scientia jurisconsultorum sese manifestare debet. Probatio igitur hujus generis non fieri debet judici, quoniam principia juris in universum certa sunt, et quia *jura noscit curia*.

Probationes facti sunt modi legitimi quibus in judicio fides veri constat, modi qui a lege introducti sunt ut « quod certum est facilius probari possit » (L. 4, D., *De fide instrum.*, XXII, 4), aut etiam : « ad fidem rei gestæ faciendam » (L. 11, D., *De testibus*, XXII, 5).

In varia genera juris doctrina dividit probationes quorum præcipua hæc sunt.

Probatio est vel :

1° *Artificialis*, quæ fit per præsumptiones et conjecturas;

2° *Inartificialis*, quæ fit per testes, instrumenta, jus jurandum et adversarii confessionem.

Deinde est : 1° Vel *plena*, scilicet quæ plenam facit judici fidem, quod fit cum duo testes sunt omni exceptione majores (hoc est contra. quorum personam et dicta nihil opponi potest quod fidem eorum minuat). Item instrumenta et acta publica.

2° Vel *minus plena*, quæ judici non tantam fidem facit ut ei soli credere possit, quæ iterum vel *semiplena major*, si quis, exempli gratiâ, unum testem habeat, omni exceptione majorem, et insuper aliquas præsumptiones, quæ in causa locum faciant juramento purgatorio; vel *semiplena simpliciter*, si quis unum testem habeat, omni exceptione majorem : in causis arduis, locum facit juramento purgatorio, in minus arduis, suppletorio; vel denique *semiplena minor*, quando quis unum testem habet, non omni exceptione majorem, vel aliam præsumptionem contra adversa-rium, locum facit juramento purgatorio.

Hæc distinctio a Cujace nostro (*Cod. titul. ad leg. Jul. Majest.*) prolata est. Ait autem : « Ut veritas, ita probatio scindi non potest. Quæ non est plena veritas, plena est falsitas, non semiveritas. Sic, quæ non est plena probatio, plane nulla probatio est. Romani non noverunt ullam probationem semiplenam.»

Probatio veri in his verbis pro veritate ipsa accepta est. Est sane nulla semiveritas, sed probatio in animo judicis semifidem efficere potest, ut evenit per proba-tionem semiplenam cujus a nobis supra introducta sunt exempla.

Probationes omnis generis regulis quibusdam re-guntur, quarum præcipuæ hæ sunt.

Omne factum in judicio allegatum probari debet. Sed probationum usus non ad ea facta quæ per se apud omnes pro certis habentur, et quorum veritas semper præsumitur, nisi contrarium probatur, spectat, sed solum ad facta incerta, quorum non præsumi, sed probari debet veritas. Sic, exempli gratià, is qui successionem, vel legatum, ex testamento petit, non cogitur probare testatorem non furiosum fuisse, ob eamque rationem testamentum validum esse. Natura enim mente sana uti quisque præsumitur. Sed hæres suus, qui, ad testamentum inutile faciendum, testatoris causam insaniæ affert, hoc factum probare debet.

Præterea concludens esse probatio, et facta quæ demonstrabit ad causam pertinere et probanti prodesse debent : *frustra enim probatur quod probatum non relevat.* Ita, is qui ab emptore fundum vindicaret, dominum esse credens, ob numeratos ab eo nummos, hujus facti probationem facere inutile peteret, et erit hæc probatio nulla ad intentionem, quia fundus non acquiritur ei a quo pretium numeratur, ut constitutum est his verbis : « Jure competenti prædiorum, quæ in quæstionem veniunt, dominium ad te ostende pertinere. Nam res vindicantem, ab emptore suos numeratos nummos asseverantem, erga probationem laborare non convenit, si quidem hujusmodi licet probetur, factum intentioni nullum præbet adminiculum » (Const. 21, *C.*, *De probat.*, IV, 19).

CAPUT II.

DE ONERE PROBANDI.

Videbimus infra non admitti probationem de factis quæ præsumptio juris et de jure ut certa constituit, aut, ut melius dicamus, hujus generis præsumptio, locum tenet probationis pro eo in favorem cujus certat. Hoc casu excepto, quæstio est si onus probationis incumbit actori vel reo.

Duplice principio adductum corpus juris civilis his verbis respondet : « Semper necessitas probandi incumbit illi qui agit » (Fr. 21, *D.*, *De probat.*, XXII, 3). Et : « Actore non probante, qui convenerit, etsi ipse nihil præstiterit, obtinebit » (Const. 4, in fine, *C.*, *De edendo*, II, 1).

Sed, si reus, ad defensionem instruendam, exceptionem affert, probationem præstare debet, nam in eo actor videtur. «Reus in excipiendo actor est » (Fr. 1, *D.*, *De except.*, XLIV, 1).

Sic, a debitore debitum non negante, sed pecuniam solutam perhibente, aut aliam liberationis causam afferente, facienda est probatio. Nam « in exceptionibus dicendum est reum partibus actoris fungi opportere, ipsumque exceptionem velut intentionem implere » (Fr. 19, *D.*, *De probat.*, XXII, 3).

Si contra reus (scilicet hoc in materia probationis leges condiderunt principium), nullam ad defensionem exceptionem ducit, sed tantum facta ab adversario allegata negat, ei quoque nulla probatione ad causam suam opus est.

Si, exempli gratia, Titio tibi quinque aureos petenti, respondes, nihil a te debitum, nihil etiam a te probandum. Naturali enim ratione, ei qui intentionem super factum condit, incumbit etiam onus probandi hoc factum, non vero reo neganti : «Ei incumbit probatio, qui dicit, non qui negat » (Fr. 2, *D.*, *De probat.*).

Si non probat actor quod intendit, reus absolvi debet, secundum legem jam a nobis allatam : « Actore non probante, qui convenitur, licet ipse nihil præstiterit, obtinebit » (Const. 4, *C.*, *De edendo*, II, 1).

Hæc principia prima, a ratione præbita, pro veris

apud omnes habentur, a nemine negantur et ad alia demonstranda viam sternunt.

Actori igitur confitenti sese intentionem suam probare non posse, onus probationis in reum transferre non est copia, aut, ut ait lex : «Actor, quod asseverat, probare se non posse profitendo, reum necessitate monstrandi contrarium non adstringit : cum, per naturam rerum, facti negantis probatio nulla sit » (Const. 23, *C.*, *De probat.*, III, 19). Reus igitur (ad quem hæc verba legis spectant), qui factum negat, nullam probationem præstare debet. « Probatio (rei) negantis nulla est. » Principium plane rationi consentaneum.

Sed dum hæc legis propositio sana ratione duce debeat intelligi, explanatores quidam hanc legem statuisse crediderunt per rerum naturam probationem rei negativæ nullam esse.

Hoc placitum a nobis in scripto super eandem materiam in lingua gallica exarato, jam infirmatum est monstrando negativam vice obliqua probari posse, et, si nonnunquam id fieri nequeat, id esse, non quia negativa, sed quia indefinita, ut ait doctissimus vir, Cocceius : « Si indefinita negativa, probari non possit, non id inde est, quia negativa, sed quia indefinita, nec affirmativa indefinita possit. »

Tenendum est igitur hoc propositum, a ratione emissum, semper probandi onus incumbere ei qui, agendo vel excipiendo, intentione affirmativa vel negativa, adversarium e situ ejus expellere conatur.

Romani tamen contra hoc propositum exceptionem unam recipiebant, in favorem eorum a quibus quasi accepta, non numerata autem pecunia peteretur (Const. 7, *C.*, *De non num. pec.*, IV, 30).

Non satis erat in jure antiquo acceptionem in eos
producere ad probationem plenam; si nummum eis
numeratum fuisse negabant, non ad probationem cogi
poterant. Denegatione sola eorum adversarius necessitate monstrandi numerationem vere factam adstringe-
batur (Const. 8, *ibid.*).

Hæc propositio legis inde orta est, quod obligatio ex
nudo parto sine vinculo stipulationis non valebat. Ita,
scriptum per quod Titius centum dare Mævio pro-
mittebat, nullam condictionem Mævio dabat, si so-
lemnis stipulationis modus id ad formandum non ad-
vocatus fuerat.

Postea creditori etiam ex nudo pacto data fuit con-
dictio, sed tamen debitore numerationem negante,
semper in actorem devolvebatur onus probandi (Pr.,
Inst., *De verb. oblig.*, III, 22).

Tempus vero in hac exceptione ex imperatorum
constitutionibus ad quinquennium limitatum fuit : a
Justiniano iterum ita constitutum fuit, ut ultra bien-
nii metas *nullo modo querela non numeratæ pecuniæ
introduci possit*, reusque qui exceptione uti vellet, pecuniam vere ei non numeratam fuisse probare debeat
(Heinecc., *Ant.*, III, 22, § 8; Const. 14, pr., *C.*, *De non
numerat.*, sect. IV, 30).

Vidimus supra reum, qui tantum negat factum in
quo conditum est jus actoris, ad nullam faciendam
probationem cogi posse; non igitur quæ habere posset rationes exhibere adstringitur (Const. ult., *C.*, *De
edendo*, II, 1). Actor qui litem intulisset quum intentio
sua instrumentis non satis firmata esset, sibi jam de-
trimenti culpam tribuere debet.

Sed etiam, si nulla est necessaria probatio a quo aliquid petitur, tamen si ei visum est, facta in eum allegata falsa esse probare potest. Licet enim reum et actorem facta producere quæ causam firmare possunt. Videmus hæc principia lege confirmata, quæ dicit : «Frustra veremini ne ab eo qui lite pulsatur, probatio exigatur» (Const. 8, *C., De probat.*). Et : «Si quis fiducia ingenuitatis suæ ultro in se suspiciat probationes, non ab re esse opinor, morem ei geri probandi se ingenuum» (L. 14, *D., De probat.*).

CAPUT III.

DE OFFICIO JUDICIS AD PROBATIONEM.

In omnibus probationum generibus, sive testimoniis scriptisque, sive aliis modis, quæstio, an factum satis compertum sit, nec ne, semper a peritia judicis pendet, hicque discernere debet si testimonia aut aliæ probationes plenæ sunt, nam «quæ argumenta ad quem modum probandæ cuique rei sufficiant, nullo certo modo satis definiri potest» (Fr. 3, § 2, *D., De testibus*, XXII, 5). Et, ut adjicit rescriptum principis : «Hoc ergo solum tibi rescribere possum summatim, non utique ad unam probationis speciem cognitionem statim alligari debere, sed ex sententia animi tui te æstimare opportere, quid aut credas, aut parum probatum tibi opineris» (Fr. 3, § 2, in fine, *D., ibid.*).

Sed etsi quod sentit judex de effectu probationum plane a peritia sua pendet, dedit tamen lex ei aliqua principia quæ exscribere non minime ad rem interesse censemus : «Confirmabit judex motum animi sui ex argumentis et testimoniis, et quæ rei aptiora, et vero proximiora esse compererit; non enim ad multitudinem respici opportet, sed ad sinceram testimoniorum fidem, et testimonia, quibus potius lux veritatis assistit» (L. 21, § 3, *D., De testibus*, XXII, 5). «Indicia certa, quæ juri non respuuntur, non minorem probationis quam instrumenta, continent fidem» (Const. 19, *C., De rei vindic.*, III, 32).

Quæstionem, an plena sit probatio, generaliter arbitrio judicis relictam esse supra vidimus. Judice exploratam rei notitiam habente, est tunc etiam plena probatio.

Si probatio, quæ ad actionem vel exceptionem firmandam dari debuisset, modo perfecto et completo non facta fuisset, actio quidem vel exceptio a judice repellenda esset. Nam, *actore non probante, absolvitur reus.*

Si actoris et rei pares sunt probationes, pro reo contra actorem pronuntiandum est.

Probatio fit judici, et judex secundum allegata et probata judicare debet.

PARS SECUNDA.

DE PRÆSUMPTIONIBUS SPECIALITER.

Probatio directa fit judici, ut diximus : scriptis, testibus, confessione partis et ejus juramento ; sed, præter has probationes quibus facti controversi fides statim subsequitur, sunt aliæ quædam quarum ratione judex aut lex factum adhuc ignotum ex factis jam cognitis per ratiocinationem ducere student. Hi probationum modi, in indiciis argumentisque positi, vocantur præsumptiones, dicit Alciatus : *quia lex* SUMIT *rem pro vero*, PRÆ, *id est antequam aliunde probetur*. Ita, exempli gratiâ, si est contestatio inter possessorem fundi alicujus, et alium quemdam fundum ad se pertinere dicentem, *præsumitur* fundum possessoris esse, et possessor in possessionibus suis remanebit, non probato jure alius : naturaliter enim commune non fit ut quisquis sit in possessione sine ullo jure, et ut dominus se possessione sua expelli patiatur (Const. 2, *C.*, *De probationibus*, III, 19; L. 128; *D.*, *De regulis juris*, L, 17; Const. 11, *C.*, *De petit. hered.*, V, 3; Const. ult., *C.*, *De rei vindic.*, III, 32; Domat, *Lois civiles*, liv. III, part. VI, sect. IV, 1).

Hæc probationis species tantam etiam certitudinem quam ipsa probatio directa habet; sic enim constitutum est a Divo Diocletiano : « Indicia certa, quæ jure non respuuntur non minorem probationis, quam instrumenta continent fidem » (Const. 19, *C.*, *De rei vindic.*, III, 32). Nam præsumptio, ut ait Cujacius, ex eo quod plerumque fit (*In parad. ad tit. Cod. de prob. et præs.*).

Lex itaque, aut homo, conjecturas ducere possunt *ex eo quod plerumque fit*, et, ratione alterutriusque ex his duabus causis efficientibus, sunt duo genera præsumptionum, eæ quarum causa est *lex*, eaeque quarum *homo*; ex illis, quæ prius genus constituunt, aliæ *juris et de jure* præsumptiones vocantur, aliæ *juris tantum*, secundum majorem earum aut minorem ad probationem fidem.

CAPUT PRIMUM.

DE PRÆSUMPTIONIBUS JURIS.

Præsumptio juris igitur, secundum quod diximus, est dispositio *legis*, aliquid præsumentis, et super præsumpto, tanquam sibi comperto statuentis (Alciatus). Effectus harum præsumptionum est non solum aliis probationibus solvere cum in favorem cujus certant, sed etiam sunt quædam hujus generis contra quas probatio contraria non admittitur.

Inter præsumptiones juris, hæ quæ probationem contrariam repellunt vocantur *juris et de jure*, et quæ eam recipiunt, *juris tantum*.

SECTIO PRIMA.

DE PRÆSUMPTIONIBUS JURIS ET DE JURE.

Præsumptiones juris et de jure, ut supra visum est, sunt hæ, quæ tantæ probativæ molis sunt, ut omnis probatio contrarii cujuscumque generis, contra eas non certare potest.

Vocatæ sunt præsumptiones *juris*, quia a lege introductæ sunt, et *de jure*, quia super tali præsumptione lex inducit firmum jus, et habet eam pro veritate (Mænochius, pr., *T. de præs.*, lib. I, 9, 3).

Sunt hæ præsumptiones, juris et de jure, validiores quam probatio per testes seu per instrumenta. Probatio enim per instrumenta non minus quam probatio per testes a probatione contraria solvi potest; is contra quem certat probatio hujus generis, audiri et contrarium probare, per eam impeditur.

Ita, exempli gratiâ, si actor qui creditor meus esse contendit, instrumentum in quo ego nummum accepisse confiteor, producit, probatio quæ ex litteris consequitur, per probationem contrariam tolli potest, neque me impedit instrumentum hanc probationem facere, puta proferendo scriptum, in quo ab actore confessum esset, nummum in instrumento latum, mihi non numeratum fuisse.

Idem est et de confessione, etiam in jure facta; probatio ex ea orta solvi potest probatione quam confitentem partem facere licet, errorem confessionis suæ causam fuisse.

Præsumptiones verò juris et de jure nullo modo tolli possunt et pars contra quam certat talis præsumptio, ad contrarium probandum non valebit.

Præsumptio tamen juris et de jure a parte ipsa cui pertinet propria confessione ejus dejici potest, quia licet unicuique juri in favorem suum introducto renuntiare: id in tribus sequentibus evenire posset casibus.

I. Si mulieri quis pecunias dederit ut pro eo sese obligaret; mulieri quidem quæ has accepit, nullus patet aditus ad senatusconsulti Velleiani auctoritatem, creditori enim licet adversum eam venire (Const., 23, C., *Ad S. C. Vell.*, IV, 29). Nam præsumitur mulier ista non fragilitati sexus sui indulsisse, et inde beneficio privatur senatusconsulti. Sed si creditor in judicio confitetur mulierem non pecunia constituta, sed fragilitate inductam fuisse ut se obligaret, renascitur statim exceptio senatusconsulti.

II. Si inventario publice facto res pupillares inscripserit tutor et ipse per hujusmodi scripturam confessus fuerit ampliorem quantitatem substantiæ, non est aliud inspiciendum nisi hoc quod ipse inscripserit (Const. 13, *C. Arbit. tut.*, V, 51). Si vero pupillus, quum suæ tutelæ liber factus est, in judicio confiteretur hoc per errorem evenisse, tutor ita liberatur.

III. Intra solum biennium continuum exceptio non numeratæ pecuniæ objici potest (Const. 14, *C., Non num. pecun.*, IV, 30) præsumitur enim pecuniam acceptam fuisse. Sed confessione judiciali creditoris præsumptio ista tolli potest.

Imperitur judici admissio præsumptionum juris et de jure, quia lege ipsa conditæ fuerunt et probationem contrarii repellere debet, quum a parte offertur adversaria illius cujus in favorem existit præsumptio.

§ 1. *De præcipuis præsumptionibus juris et de jure.*

In hoc paragrapho introducemus præcipuas præsumptiones juris et de jure, quæ in Digestis et Codice divi imperatoris Justiniani invenimus, et quæ sunt sequentes :

Res judicata pro veritate habetur. (De hac exceptione et infra loquemur.)

Si inventario publice facto, res pupillares conscripserit tutor, etiam si ipse per hujusmodi scripturam confessus fuerit ampliorem quantitatem substantiæ, non esse aliud inspiciendum, nisi hoc, quod incripsit, et secundum vires ejusdem scripturæ patrimonium pupilli exigi; neque enim si homo simplex, imo magis stultus invenitur, ut in publico inventario scribi contra se aliquid patiatur (Const. 13, pr., *C., De arbit. tutel.*, V, 51).

Si tutores ac curatores inventarium facere neglexerint, quasi suspecti ab officio removebuntur (Const. 3, § 1, *C.*, *Arbit. tut.*).

Si quis fidem cautionis agnoscens, portionem debiti vel usurarum solverit, de non numerata pecunia quærelam nimium tarde deferet; nam ex hac portionis solutione, numeratio præsumitur (Const. 4, *C.*, *De non num. pecun.*, IV, 30).

Pater is est quem nuptiæ demonstrant.

Is qui post decem menses a morte patris natus est, ad legitimam hereditatem non admittitur (L. 3, § 11, *D.*, *De suis et legit. hered.*, XXXVIII, 16).

Quum post juramentum decisorium, quod adversario imposuit, aliquis damnatus est, ex integro causam agere non potest, nova instrumenta se invenisse dicens (L. 31, *D.*, *De jurejurando*, XII, 2).

Testis idoneus pater filio, aut filius patri non est; præsumitur enim affectio (L. 9, *D.*, *De testibus*, XXII, 5).

Regula est, juris ignorantiam cuique nocere, facti vero ignorantiam non nocere (L. 9, pr., *D.*, *De jur. et f. ign.*, XXII, 6); nam præsumitur unusquisque legem cognoscere.

§ 2. *De re judicata.*

Res judicata dicitur quæ finem controversiarum pronuntiatione judicis accepit, quod vel condemnatione, vel absolutione contingit (L. 1, *D.*, *De re jud.*, XLII, 1).

Auctoritate rei judicatæ omne quod in judicio continetur verum et æquum præsumitur; et hæc præsumptio, quia juris et de jure est, non admittit ullam probationem contrarii : nam res judicata pro veritate accipitur (L. 207, D., *De regul. jur.*, L, 17).

Probabili enim ratione placuit, ut singulis controversiis singulæ actiones unusque judicati finis sufficiat; ne aliter modus litium multiplicatus summam atque inexplicabilem faciat difficultatem, maxime si diversa pronunciarentur, unde exceptio rei judicatæ orta est (L. 6, D., *De excep. rei jud.*, XLIV, 2).

Auctoritate rei judicatæ probationem contrarii de quo judicatum fuit non sinente, pars contra quam judicatum est, non auditur ad probandum judicem errasse, etiam in nuda computatione : « Res judicatæ si sub prætextu computationis instaurentur, nullus erit judiciorum finis » (*Inst.*, II, *C.*, *De re jud.*, VII, 52).

Probatio contraria auctoritate rei judicatæ ita repellitur, ut pars contra quam sententia pronunciata est, ad res judicatas restaurandas non reciperetur, licet sub specie novorum instrumentorum postea repertorum (L. 4, C., *De re jud.*).

Hæc exceptio unicuique litigantiun datur contra adversarium a quo res judicata iterum in contentionem mittitur, seu huic qui causam obtinuit, seu huic contra quem judicatum. Non enim distinguunt leges 3, 7, § 4, 14; D., *De except. rei jud.*, XLIV, 2, neque soli absoluto reo hujus exceptionis favorem dant, set etiam actori causam obtinenti. Hoc visum est per leges 4, C., *h. t.*, et 27, D., *h. t.*, quæ casum ubi « quis contra quem judicatum esset, nova instrumenta causæ suæ reperisset; » quo in casu certe quidem illi donetur exceptio qui judicio vicerit.

Sed quia res judicata tantæ auctoritatis et tam immutabilis est, interest etiam quod recte limitentur casus in quibus hæc exceptio advocanda est, id est, quod ponderentur sententiæ quæ auctoritatem rei judicatæ habent, et quæ conditiones ad exceptionem in jus afferendam necessariæ.

Ad has duas quæstiones infra aggrediemur:

I. *De sententiis quæ rei judicatæ habent auctoritatem.*

Ut sententia auctoritatem rei judicatæ habeat, necesse est ut definitiva, vel sine appellatione, neque nulla sit.

A. *De sententiis definitivis.*

Ante omnia, ut auctoritas rei judicatæ advocanda sit, opus est sententiâ, id est responso per magistratum vel judicem quæstionibus a litigantibus positis.

Postea, hæc sententia definitiva esse debet, quod contingit vel condemnatione vel absolutione (**L. 1, D., De re jud.**, XLII, 1), quia sic finis controversarium accipitur. Compromissum non habet auctoritatem rei judicatæ. « Ex compromisso placet exceptionem non nasci, sed pene petitionem » (**L. 2, D.,** *de receptis*, IV, 8).

B. *De sententiis sine appellatione.*

Sententiæ, ut auctoritatem rei judicatæ habeant, per judicem a quo non est provocatio pronuntiatæ esse debent, aut oportet ut ab iis appellare amplius non liceat.

Appellare amplius non licet :

1° Quum partes inter quas judicatum est ad sententiam expresse aut saltem non ambiguè acquievere.

Ita, si ad solutionem nummi pars condemnata fuit et tempus petivit, quo in casu certe quidem non ad appellandum admittetur : « ad solutionem dilationem

petentem acquievisse sententiæ manifeste probatur »
(Const. 5, *C.*, *De re jud.*, VII, 42).

Appellatio etiam non admittitur :

2º Quum pars contra quam sententia datur, constituta appellatoria tempora transire passa esset.

Pars quæ per sententiam se læsam esse credebat,
eodem die appellare poterat *apud acta*, et satis erat si
dicebat APPELLO (L. 2, *D.*, *De appell.*, XLIX, 1).

Quum pars die quo sententia pronuntiata erat non
appellaverat, appellatio per libellos ad judicem qui
sententiam dederat fiebat, et hic causam ad judicem
appellationis per litteras quæ *apostoli* vocabuntur mittebat.

Pars quæ appellabat, duos a sententia lata dies ha-
bebat quum nomine suo in judicio steterat, aut tres
quum pro alio in nomine procuratoris, actoris, cura-
toris, aut administratoris steterat (LL. 1, 3, *D.*, *De
appel.* — L. 1, §§ 11, 12, 13; *D.*, *Quand. appell.*,
XLIX, 4).

Hi constituti dies *utiles* erant, hoc est, non compu-
tebantur dies quibus non in foro publicè sedebatur
(L. 1, § 7, *D.*, *Quand. appell.*, XLIX, 4).

Justinianus, per Novellam suam 23, cap. 1, auxit
hoc tempus, deditque ad appellandum decem a sententia lata dies.

C. *De sententiis nullis.*

Non existit res judicata quum sententia ex qua oriri
debet, ipso jure nulla est : quod enim nullum est, nullum producere effectum potest.

Sententia autem nulla esse potest, vel ratione ejus quod continet, vel ratione personarum inter quas pronuntiatum fuit.

1° De sententiis nullis ratione ejus quod continent.

1° Sententia nulla est quum res condemnationis incerta est : *Sententia enim certa esse debet.* Ita, hæc sententia : « Omnem debiti quantitatem cum usuris competentibus solve » auctoritatem rei judicatæ non haberet, nullaque plane esset ; nihil enim pro certo de eo quod debitum actori continet (Const. 3, *C.*, *De sent. quæ sine certa quant.*, VII, 46).

Tamen, si dixisset judex : « Solve quod petitum est, » sententia valeret, quia res condemnationis in acto aliquo cui judicium convenit, eloquitur (L. 59, § 1, *D.*, *De re jud.*, XLII, 1).

2° Sententia nulla est quum res condemnationis aliquid impossibilis est. *Paulus respondit impossibile præceptum judicis nullius esse momenti* (L. 3, *D.*, *Quæ sent.*, XLIX, 8). *Idem respondit, ab ea sententia cui pareri rerum naturà non potuit, sine causà appellari* (L. 3, § 1, *D.*, *ibid.*)

3° Sententia nulla est, quum expresse contra leges pronuntiat ; *si expressim sententia contrà juris rigorem data sit.... Si specialiter, contra leges vel Senatusconsultum, vel constitutiones fuerit prolata* (L. 19, *D.*, *De appel.*, XLIX, 1). *Quum contra sacras constitutiones judicatur, appellationis necessitas remittitur* (L. 1, § 2, *D.*, *Quæ sent. sine appell.*, XLIX, 8).

Tamen docet Callistratus : *Quum prolatis constitutionibus contra eas pronunciat judex, eo quod non existimat causam de quà judicat per eas jurari, non videtur contrà constitutiones sententiam dedisse; ideoque ab ejusmodi sententià appellandum est, alioquin rei judicatæ stabitur* (L. 32 , D., *De re jud.*, XLII, 1).

4° Sententia denique nulla est, quum data est pro eo quod non petitum, aut quum condemnavit unam partem ad solvendum ultrà petita; nam judex constituitur solum ut supra petitis quæ in foro prolata sunt, statuat, solum igitur in eo quod res eorum dedere sententiam potest. Potestas judicis ultrà id quod in judicium deductum est nequàquam potest excedere (**L. 18 , D., Com. div., X , 3**).

2° De sententiis nullis ratione personarum.

Sententia inter partes dari debet, *quæ habent legitimam standi in judicio personam.*

Non habent legitimam personam : 1° Ei in quibus accidit maxima capitis deminutio; 2° minores non emancipati : tutor eorum solus in judicio stare potest; minores emancipati solum cum curatore quem ad hoc iis judex constituit, agere causam possunt; 3° *eum* etiam *qui in rebus humanis non fuit, sententiæ datæ tempore, inefficaciter condemnatum videri* (L. 1, D., *Quæ sent. sine app.*, XLIX, 8).

Est etiam sententia nulla, quum actio a procuratore falso, sine qualitate ad agendum aut defendendum, in judicium dedenda fuit.

II.

De conditionibus necessariis ut existat exceptio rei judicatæ.

Quum in nova lite quæritur an existat, nec ne, exceptio rei judicatæ, inspiciendum est an idem corpus sit, quantitas eadem, idem jus; et an eadem causa petendi et eadem conditio personarum ; quæ nisi omnia concurrant, alia res est (LL. 12, 13, 14, *D., De except. rei jud.*, XLIV, 2).

A. *Ut sit eadem res.*

Id vero strictissime non est interpretandum, quia idem corpus in hàc exceptione non utique omni pristinà qualitate servatà, nullà adjectione diminutioneve factà, sed pinguius pro communi utilitate accipitur (L. 14, *D., De except. rei jud.*, XLIV, 2). Inde si petiero gregem (et victus fuero) et vel cuncto vel minuto numero gregis, iterum eundem gregem petam, obstabit mihi exceptio (L. 21, § 1, *D., h. t.*). Et si speciale corpus ex grege petam, si adfuit in eo grege, peto obstaturam exceptionem (L. 21, § 1, *D., h. t.*).

Id docet nos Ulpianus his verbis : « Si quis, quum totum petiisset, partem petat, exceptio rei judicatæ nocet ; nam pars in toto est ; eadem enim res accipitur, et si pars petatur ejus quod totum petitum est ; nec interest utrum in corpore hoc quæratur, an in quantitate, vel in jure (L. 7, *D., De except. rei jud.*).

Eamdem etiam rem petere videor, quum peto id quod ex ea ortum est, et quod mihi non deberetur, sin etiam res quam in prima intentione petivi, et ex qua ortum est quod nunc peto, mihi etiam debita esset.

Ita, si ancillam petiero (supple et victus fuero), et post litem contestatam conceperit et pepererit, mox partum ejus petam, videorne idem petere ? et quidem ita definiri potest, toties eandem rem agi quoties apud judicem posteriorem id quæritur quod apud priorem quæsitum est : in his igitur ferè omnibus exceptio nocet (L. 7, § 1, *D., De except. rei jud.*).

Si quis ædificium vindicaverit, atque victus fuerit, postea signa separata petere potest, nec repelletur exceptione rei judicatæ, quia videtur aliud petere (L. 7, § 2, *D., h. t.*); nam domus a materia differt ex qua componitur.

Si victus fuero in petitione nummi principalis, mihi obstabit exceptio si usuras postea petam; nam hæ usuræ mihi non debentur, si nummus mihi non debetur. Sed, mutato casu, idem non est; nam etiam si usuræ mihi non debentur, nummum principalem mihi esse nihil impedit (L. 23, *D., h. t.*).

Usufructus, non quatenus servitus in re aliena, sed quatenus proprietati cohæret, videtur pars rei. Ergo si, fundo petito, usumfructum ejusdem fundi vindicem, exceptio mihi non obstabit usumfructum, ut servitudinem, id est ut jus in rem alienam petenti; sed obstabit usumfructum, ut dominio jus adjunctum petenti.

B. *Ut sit eadem causa petendi.*

Eadem est causa petendi quum intentio posterior eodem jure nitetur quo prior. Ita, exempli gratia, emptor qui equum emit sternacem, in potestate sua habet actione uti alterutraque, redhibitoria vel quanti minoris (L. 25, § 1, *D., De except. rei judic.*, XLIV, 2). Una vero earum actionum usus, alteram non uti potest, obstat enim exceptio, quia causa est eadem quam antea.

Sed nihil refert eandem esse actionem; dummodo causa mutata sit, exceptio rei judicatæ non locum habebit. Ut si is, qui heres non erat, hereditatem petierit, et postea heres factus eandem hereditatem petat, non exceptione submovebitur (L. 25, *D., h. t.*).

Si quis interdicto de possessione egerit, postea in rem agens non per exceptionem repellitur, quoniam in interdicto vertitur possessio, in actione autem dominium (L. 14, § 3, *h. t.*).

In hoc verò actiones in personam ab actionibus in rem differunt, quod, quum ab eodem mihi debeatur eadem res, obligationes singulas singulæ causæ sequuntur, nec alterius petitione ulla earum vitiatur : ut in rem quam ago, expressa non causa qua meam esse dico rem, petitione una omnes causæ apprehendantur; neque enim amplius quam semel res mea esse, sæpius autem mihi deberi potest (L. 14, § 2, *D., h. t.*). Ita, si eandem rem, quam actione empti jam petivi, postea conditione certi prosequi possum, acceptio rei judicatæ mihi opponi non potest, non sunt enim certe quidem eædem causæ. Quum autem fundum, exempli gratia, per actionem in rem vindicaverim, non expressa causa qua fundum meum esse dico, iterum postea agere non possum, nam valet in me exceptio, quia causa est eadem. Si vero in prima vindicatione aliquam indicaverim causam, causa si nititur alia valebit vindicatio; ita, exempli gratia, si mancipationis causa vindicaverim, et deinde legati causa petam (L.11, § 2, *D., h. t.*).

C. *Ut sit eadem conditio personarum.*

Oportet ut adsint ea edem personæ; nam re, *inter alios judicatæ neque emolumentum afferre his, qui judicio non interfuerunt, neque præjudicium solent irrogare* (Const. 2, *C., Quibus res jud. non nocet*, VII, 56).

Non tantum erga partes quæ ipsæ judicio adfuerunt,

sed etiam erga illas quarum in nomine alius litem sus-
ceperit, censetur res inter easdem partes judicata, inter has erit procurator, cui mandatum est, tutor, cu-
rator furiosi vel pupilli, actor municipum (L. 11, § 7,
D., *De except. rei jud.*).

Si quis hominem a filiofamilias petierit, deinde eundem a patre petat, locum habet exceptio (L. 11, § 8;
D., *h. t.*); nam unam tantum paterfamilias personam
et filius qui in potestate ejus est, constituere videntur.

Personæ, quia succedunt in loco partium, quum
partes ea edem censentur. Quare, quod de causa de-
functi judicatum, erga omnes heredes ejus valet; nam
sustinent personam suam. Idem est de successoribus
a titulo singulari, quum lata fuit sententia ante even-
tum, ratione cujus alius in jus successerunt. Ita, si
debitor de dominio rei, quam pignori dedit, non ad-
monito creditore causam egerit, et contrariam sententiam acceperit, creditor in locum victi successisse
non videbitur, cum pignoris conventio sententiam præ-
cederit (L. 29, § 1, D., *h. t.*).

Rei judicatæ acceptio a persona auctoris ad empto-
rem transire solet; retro autem ab emptore ad auctorem
reverti non debere (L. 9, § 2, D., *h. t.*). Sententia igitur cum successore, nec exceptio rei judicatæ ex ea
orta, non obstare possunt contra auctorem et per
auctorem. Julianus, qui scripsit hanc legem, exemplum illud affert : si hereditariam rem vendideris, ego
eandem ab emptore petierim et vicerim; petenti tibi
non opponam exceptionem. Ut si ea res judicata non
sit inter me et eum cui vendidisti.

Item, si victus fuero ; tu adversus me exceptionem
non habebis (L. 10).

SECTIO II.

DE PRÆSUMPTIONIBUS JURIS TANTUM.

Præsumptiones juris tantum, ut præsumptiones juris et de jure, etiam super lege quaquam, aut super argumentis ex aliqua lege, conduntur : ex quo nomen earum ; quam probatio eandem habent fidem, et partes in favore cujus certant, onere omnis probationis ad intentionem aut defensionem sustinendam solvunt; sed, et id est in quo a præsumptionibus juris et de jure dissimilia sunt, pars contra quam constant non ab iis facere probationem contrariam impeditur; et, si hæc pars eventu juvatur, præsumptionem solvet.

L. 3, *C.*, *De apoch. publ.*, continet præsumptionem juris : secundum hanc legem, trium cohærentium annorum apochæ tributorum, solutionem superiorum temporum præsumere faciunt. Etsi hæc lex solum per tributa facta sit, decretum tamen suum ad annuas usuras et omnia hujuscemodi debita extensum est; *nam ubi eadem ratio idem jus statuendum est.*

L. 2, § 1, *D.*, *De pactis*, nobis etiam exemplum præsumptionis juris attulit. Hæc lex debitam pecuniam solvi præsumit, quum creditor scriptum suum debitori reddidit; in eo conditur, quin nec commune nec verisimile est ut creditor obligationem non solitam reddat.

Præsumptio solutionis, quæ ex eo oritur, quod chirographum debitoris cancellatum, est similis præcedenti ; est præsumptio juris, quia a lege 24, *D.*, *De prob.*, introducta est; in eo ponitur quod est signum commune solutionis, si chirographum cancellatum est, sed hæc præsumptio tolli posset probatione a creditore facta, hoc scriptum per errorem cancellatum esse, et hoc vere non solutum esse.

Unusquisque actus etiam valere præsumitur. Ergo, si quis negat emancipationem certe factam, probationem ipse præstare debet (L. 5, § 1, *D.*, *De prob. et præs*). Pariter, si testamentum impugnat aliquis, vitium hujus probare debet.

Ab ea parte qui dicit adversarium suum ab aliquo jure prohibitum specialiter lege vel constitutione, id probari opportet (L. 5, *D.*, *h. t.*).

Aliæ et præsumptiones juris tantum inveniuntur multæ, in L. 34, *C.*, *Ad legem Juliam de adult.*; L. 51, *D.*, *De donat. inter vir. et ux.* L. 5, *D.*, *De in jus voc.*; L. 6, *D.*, *De his qui sui vel alieni juris sunt.*

CAPUT II.

DE PRÆSUMPTIONIBUS HOMINIS.

Præsumptio hominis est hæc quam non lex, sed judex de factis cognitis ad facta incognita per ratiocinationem ducit ex specialibus circumstantiis in negotio aliquo singulari occurentibus.

Judicis arbitrio relinquit lex istas præsumptiones, nam certis præceptis eas continere non poterat, quia secundum facta et circumstantias variant, quæ infinitæ sunt. Observandæ tamen sunt a judice de his præsumptionibus aliquæ regulæ. Ita :

I. Præsumuntur quæ communiter fieri solent.

II. Præsumitur res in eodem statu permanere, vel mutatio non præsumitur.

III. Præsumptio semper fieri debet in meliorem partem (Lauterbach, XXII, 3, 47).

Præsumptio hominis sola fidem non facit, nec in adversarium onus probandi rejicit ut præsumptio juris tantum. Partim solum probationem facit; atque aliis adminiculis opus est ut judex sententiam pronuntiare possit. Attamen concensu plurium præsumptionum hominis fides plena fieri potest, ut refertur exemplum in lege 26, *D.*, *De probat. et præs.* : Soror fideicommissum erga fratrem restituere debebat; post mortem fratris, quæstio fuit si fideicommissum adhuc heredibus ejus debebatur. Papianus respondit remissionem sorori a fratre factam esse præsumendam, et hanc præsumptionem remissionis, ex tribus circumstantiis indixit : 1° ex affectione fratris et sorellæ; 2° quia id nunquam a fratre desideratur, quamdiu vixit; 3° quia denique sæpe in rationem fratris pecunias ratio sorellæ solvisset, sine nullo de fideicommisso dictu. Quædam ex his circumstantiis separatim, præsumptionem simplicem quæ non satisfecerit ad probandum fratrem debitum remisisse constituerit; sed consensum eorum omnium Papiniano probationem remissionis sufficientem condere visum est.

Sed quum plures concurrunt præsumptiones hominis, tunc inter se pugnare non debent, atque in eo notanda sunt principia quæ sequuntur : una præsumptio aliam scilicet minus validam vincit atque destruit. Sin autem duæ contrariæ præsumptiones paris validitatis concurrant, se invicem eludunt, et neutra subsistit. Præsumptiones numero plures paucioribus præferuntur (Lauterbach, XXII, 3, 53).

DROIT CIVIL FRANÇAIS.

De la preuve en général et des présomptions en particulier.

(Code Nap., art. 1315-1316 et 1349-1353.)

PREMIÈRE PARTIE.

DE LA PREUVE EN GÉNÉRAL.

INTRODUCTION.

NOTIONS PRÉLIMINAIRES.

Théorie de la preuve.

Le but de toutes les sciences humaines est de produire la *certitude*, qui est l'adhésion ferme, motivée et inébranlable de la raison aux propositions des connaissances humaines.

La *preuve* est la somme des motifs producteurs de la certitude ; toutes les sciences humaines s'appuient donc sur un système de preuves.

Mais ce système varie profondément suivant le caractère plus ou moins théorique ou pratique des sciences.

Lorsqu'en effet la science reste sur les hauteurs de la théorie, l'intelligence seule est en jeu, agissant avec ses facultés, et se servant, pour prouver les propositions qu'elle avance et en tirer les conséquences, de la voie du raisonnement et de la déduction.

Mais lorsqu'elle redescend dans le domaine de l'application pratique, ce travail purement et uniquement logique ne lui suffit plus, car elle se trouve en présence du fait matériel ; et si la logique peut nous apprendre les conséquences des faits, elle est impuissante à nous révéler les faits eux-mêmes. Il lui faudra donc recourir à des moyens extérieurs de preuve, basés sur l'expérience et sur la nature des faits.

Appliquant ces idées à la science du droit, nous voyons, sur le terrain de la doctrine, le jurisconsulte étudier les principes fondamentaux du droit, en tirer les conséquences qu'ils renferment par la voie de la déduction, et les appliquer à chaque espèce, faisant ainsi un pur travail de logicien, en un mot la preuve du droit.

Mais en arrivant à la pratique du droit, à la mise en œuvre des théories et à leur application aux contestations qui peuvent naître entre les hommes dans la vie réelle, nous trouvons le juge obligé de se former une conviction, une certitude sur un fait litigieux, fait qui lui est inconnu et sur lequel le raisonnement *a priori* ne peut rien lui apprendre. Il est donc obligé d'avoir recours à des moyens extérieurs pour arriver à la vérité, à des moyens fournis par les sens, l'expérience, le témoignage de l'homme, l'analogie et l'induction.

La loi, qui règle les contestations entre les hommes, a aussi dû fixer au juge les moyens de preuve destinés à produire en lui la conviction qui lui est nécessaire pour prononcer entre les parties.

Ces différents moyens de preuve sont énoncés par le Code dans l'art. 1316; ce sont : la preuve littérale, la preuve testimoniale, l'aveu de la partie et le serment.

L'induction est la base logique de ces divers moyens d'établir la vérité, qui partent tous d'un fait connu sur lequel s'appuie la preuve, pour arriver à un fait inconnu, qui forme le fond de la contestation.

La définition que la loi donne des présomptions, qui sont des conséquences que la loi ou le magistrat tirent d'un fait connu à un fait inconnu, pourrait donc, si elle était prise à la lettre, s'appliquer à toute l'induction et par conséquent à tous les moyens de preuve.

Mais dans ceux des moyens de preuve fondés sur la foi que l'on peut ajouter au témoignage, soit écrit, soit oral, de l'homme, l'induction est si simple et si rapide, qu'elle passe presque inaperçue. En effet, la preuve littérale, la preuve testimoniale, l'aveu de la partie et le serment, qui sont le fait connu, ont précisément pour but de constater et d'établir le fait inconnu, par exemple, la convention des parties.

Mais les indices sur lesquels sont fondés les présomptions, par exemple en matière criminelle, certaines traces de pas d'où l'on conclut à la culpabilité de celui dont le pied correspond parfaitement à ces empreintes, ces indices, disons-nous, n'ont certainement pas pour but de constater ce qu'on veut établir. Le magistrat ne peut que tirer, avec plus ou moins de fondement, les conséquences de ce fait connu, pour arriver à la culpabilité, qui est le fait inconnu; en d'autres termes, il ne peut que présumer la culpabilité.

Ici l'induction joue, on le voit, un rôle beaucoup

plus important, et la preuve cesse d'être presque directe, comme elle l'est dans le cas de la foi au témoignage de l'homme, pour devenir complétement indirecte.

Aussi a-t-on spécialement consacré le mot de *preuve* aux moyens qui établissent directement le fait inconnu, et a-t-on réservé le terme spécial de présomption pour la preuve indirecte, reposant sur l'opération logique de l'induction faite par la loi ou par le magistrat.

Cependant une erreur de classification de l'art. 1350 range l'aveu et le serment parmi les présomptions, quoiqu'ils soient des moyens de preuve aussi directs que la preuve littérale et que la preuve testimoniale. Du reste, cette erreur n'a pas été répétée, car la loi traite de ces deux moyens de preuve dans des sections distinctes de celle où elle traite des présomptions.

Nous ne donnerons, ainsi que le comporte la rubrique de ce travail, que des règles générales sur la preuve proprement dite, pour nous occuper avec plus de détails de la matière des présomptions.

CHAPITRE PREMIER.

RÈGLES APPLICABLES AUX DIVERS MOYENS DE PREUVE EN GÉNÉRAL.

Les divers moyens de preuve établis par la loi se trouvent énumérés dans l'art. 1316. On peut y ajouter la descente sur les lieux et l'expertise, dont il est parlé au Code de procédure. On peut les ranger sous trois chefs principaux, suivant qu'ils se rapportent, soit à l'expérience personnelle du juge, soit à la foi qui peut être ajoutée au témoignage de l'homme, soit aux conséquences que la loi tire ou permet au magistrat de tirer de faits connus à des faits inconnus (Bonnier, *Traité des preuves*, p. 23).

Les preuves fondées sur l'expérience personnelle du juge sont la descente sur les lieux, et l'expertise comme complément de l'expérience personnelle du juge.

Les preuves fondées sur la foi au témoignage de l'homme sont l'aveu des parties, leur serment, la preuve par écrit et la preuve testimoniale.

Les preuves résultant des conséquences que la loi ou le magistrat tirent des faits connus aux faits inconnus, sont les présomptions légales et les présomptions de l'homme.

Les preuves se divisent encore en différentes espèces.

Ainsi : 1° Elles sont obligatoires pour le juge ou livrées à sa prudence, suivant que la loi a cru devoir ou non laisser à l'arbitraire du juge l'effet et l'emploi des preuves, en le forçant ou non à y conformer son jugement.

2° Elles sont artificielles ou inartificielles, suivant qu'elles sont dues ou non à l'art de l'orateur.

3° Elles sont pleines ou moins pleines ou semi-pleines, suivant qu'elles produisent une conviction plus ou moins complète.

4° Elles sont directes ou indirectes, suivant qu'elles prouvent immédiatement le fait dont il s'agit, ou qu'elles établissent seulement un fait de la certitude duquel on peut induire la vérité de celui que l'on veut constater.

Certaines règles dominent l'emploi de toutes les preuves judiciaires.

Ainsi, de sa nature, la preuve judiciaire ne saurait

porter que sur les preuves de fait, et ne pourrait avoir pour objet les règles de droit, car *jura noscit curia*. Cependant il peut y avoir lieu à rapporter une preuve, bien qu'il s'agisse d'une règle de droit, quand il y a contestation sur la teneur d'un usage local (art. 674 et 1762), ou sur la teneur d'une loi étrangère. Dans le premier cas, le point de droit devient point de fait, et dans le second, la maxime *jura noscit curia* n'est plus applicable.

Le juge ne peut ni admettre ni exiger de preuves lorsqu'il s'agit de faits légalement constants, c'est-à-dire réputés certains par la loi en vertu d'une présomption légale (art. 1350 et 1359).

Le magistrat ne peut, en jugeant, suivre les connaissances personnelles qu'il aurait sur le fait soumis à sa décision : il doit prononcer d'après les preuves acquises au procès. *Secundum allegata et probata judex judicare debet* (Ordonnance d'avril 1453 pour la réformation de la justice. *Recueil des ordonn.*, t. **XIV**, p. 284).

Si le juge décidait la question suivant la connaissance personnelle qu'il en aurait, ou d'après l'opinion publique, il opposerait son propre témoignage aux preuves des contendants, qui seraient jugés sans avoir été entendus et sans avoir pu l'être. « La première règle de justice, *ne inauditus condemnetur*, serait violée, si chaque contendant n'avait pas la faculté d'examiner, de peser, de combattre les preuves de son adversaire ; or c'est ce qu'il ne pourrait faire, si le juge se permettait d'opposer son propre témoignage aux preuves données et discutées dans le cours de la procédure » (Toullier, **VIII**, § 39, p. 83).

La preuve judiciaire n'établissant pas la vérité d'une façon absolue, mais seulement formellement et légalement, la raison ne s'oppose pas à ce que ces preuves, dans une instance autre que celle où elles ont été établies, ne continuent pas à nuire ou à profiter aux mêmes parties, et, à plus forte raison, qu'elles ne puissent pas être opposées à des tiers.

Justinien (L. 20, *C.*, *De testibus*, IV, 20) prononce sur une espèce qui se rapporte à cette question. Il ordonne que les témoins entendus précédemment soient entendus de nouveau, mais que les dépositions des témoins décédés entre les deux instances soient reçues comme faites en justice.

La loi de procédure est plus absolue encore; elle décide que, en cas de péremption d'instance, tous les actes seront faits à nouveau, et qu'on ne pourra s'en prévaloir dans aucun cas.

Ainsi, un fait ne peut être considéré comme légalement établi que si la preuve en a été administrée dans la même instance et contradictoirement avec la partie à laquelle on l'oppose.

Le juge ne doit admettre que la preuve de faits pertinents et relevants, c'est-à-dire portant sur les faits essentiels du procès, et propres à fonder la conviction du juge, relativement à la cause. *Frustra probatur quod probatum non relevat.*

CHAPITRE II.

DE LA CHARGE DE LA PREUVE.

Lorsqu'une contestation est soumise à la justice, la question se présente de savoir à qui incombera le fardeau de la preuve. Est-ce le demandeur qui justifiera les prétentions formant l'objet de sa demande, ou est-ce le défendeur qui devra prouver la légitimité de sa position ?

Le Code, faisant l'application de la règle, *actori incumbit onus probandi ; excipiendo reus fit actor*, pose en principe que toute personne qui tend à produire une innovation dans la position des parties, soit par la formation d'une action en justice, soit par l'opposition d'une exception à l'action intentée, doit prouver les faits qui forment le fondement de son action ou de son exception (art. 1315).

Ce double principe se fonde sur des considérations juridiques relatives à la position que les contestations judiciaires créent aux parties qui les engagent. Si la preuve de ses prétentions incombe au demandeur, c'est que sa demande a pour but de priver le défendeur des avantages dont il jouit. Or si, d'un côté, la morale stricte et sévère exige que chaque homme puisse pleinement et toujours justifier sa position, la loi civile, de l'autre côté, doit, elle, faire respecter une position acquise, et ne pas exposer des droits souvent très-fondés aux vexations inquisitoriales de prétentions qui pourraient ne pas être légitimement établies.

Mais si le demandeur a pleinement justifié sa demande, le défendeur qui oppose à la demande une exception, conteste à son tour une position acquise et doit prouver la légitimité de sa résistance à des droits ainsi reconnus (Aubry et Rau, VI, p. 324, note 14).

On a essayé de restreindre l'application du principe que c'est au demandeur à prouver le fait qu'il allègue, au cas où ce fait est un fait positif. On s'est fondé pour cela sur une fausse interprétation de deux textes du droit romain, la loi 2, **D.**, *De probat. et præs.* (XXII, 3), et la loi 23, *C., De probat.* (IV, 19): *Ei incumbit probatio qui dicit, non qui negat. Per rerum naturam factum negantis probatio nulla est.* Ces deux textes établissent simplement que le défendeur, à l'action ou à l'exception, n'est tenu à aucune preuve tant qu'il se borne à nier les faits allégués par le demandeur, vu qu'il serait injuste de décharger du fardeau de la preuve celui qui s'est vu dans l'impossibilité de prouver, pour imposer cette charge à la partie adverse. Mais on a cru voir autrefois dans ces textes une maxime générale établissant que celui qui allègue un fait *négatif,* n'est pas tenu de le prouver, parce que, disait-on, la preuve n'en est pas possible.

Mais la glose, qui a établie cette maxime, a été obligée elle-même de reconnaître que d'abord plusieurs textes indiquent clairement qu'on peut prouver une négative, et que si cette preuve n'est pas directement administrable, selon elle, elle l'est du moins indirectement par la preuve d'un fait affirmatif contraire.

Les glossateurs ont donc dû établir, pour justifier leur maxime, des distinctions entre les différentes espèces de négatives. Ils ont admis qu'on peut et qu'on doit prouver la négative d'un droit, et la négative d'une qualité qui n'est pas en dehors du droit commun.

La troisième espèce de négative, celle de fait, comme on l'appelle, se subdivise encore suivant que le fait négatif est défini ou indéfini. Dans le premier cas, celui du fait défini, qui est limité par les circonstances de temps et de lieu, la preuve est encore possible.

Ce n'est donc que dans le cas d'une *négative indé-*

finie, et encore si cette négative n'est pas une *négative génératrice*, c'est-à-dire contenant implicitement une proposition affirmative, que la preuve est impossible, directement et indirectement, suivant les glossateurs.

Mais ces subtilités sont sans portée réelle, car il est presque impossible qu'il puisse être formé en justice une demande fondée sur un fait qui ne se trouve défini ni dans le temps ni dans le lieu, puisque ce sont ces circonstances qui président ordinairement à la formation et à l'extinction des droits.

Ensuite, ces négatives indéfinies qui sont impossibles à prouver, ne le sont pas plus qu'une affirmative portant le même caractère, et dégagée également de toute circonstance limitative de temps et de lieu.

Que j'affirme en effet qu'il n'a jamais été établi de servitude sur mon fonds, où que j'affirme que Paul me doit une somme d'argent, ces deux propositions indéfinies ne sont pas plus démontrables l'une que l'autre, quoique la première seule soit une négative. C'est pourquoi, dit Cocceius : *Si indefinita negativa probari non potest, non inde est quia negativa, sed quia indefinita; nec affirmativa indefinita potest* (*Dissert. de directa probatione negativæ*, § 13).

Enfin, une considération de justice et d'équité domine ces raisons. En effet, il serait injuste de faire retomber sur le défendeur le fardeau d'une preuve que le demandeur déclare être impossible; c'était à ce dernier à ne pas intenter son action avant de s'être assuré de ses preuves, comme le dit la Constitution déjà citée en partie, et d'après laquelle on a voulu établir la possibilité de la preuve d'une négative : « *Actor, quod asseverat, probare se non posse profitendo, reum necessi-*

tate monstrandi contrarium non adstringit» (Toullier,
VIII, 17 et 18; Aubry et Rau, VI, p. 325, note 14;
Bonnier, *Traité des preuves*, 38, 39, 40).

Le demandeur au fond et le demandeur en exception
doivent donc établir chacun les éléments de leurs prétentions, et prouver tous les faits propres à former la
conviction du juge, c'est-à-dire rendre la preuve complète. Mais là s'arrête ce qu'on peut exiger d'eux. Ainsi,
ils ne sauraient être tenus de prouver la cause ou les
circonstances qui auraient pu s'opposer à l'acquisition
de leurs droits, ou les restrictions par lesquelles ces
droits pourraient avoir été modifiés au profit de leurs
adversaires.

Ces propositions donnent lieu à la question sui-
vante qui se rattache à la théorie de la preuve d'une
négative :

Lorsqu'un propriétaire forme une action négatoire,
est-il ou n'est-il pas tenu de prouver qu'il n'existe pas
de servitude sur son fonds au profit de son adversaire?
La question a été résolue de deux manières. Suivant
les uns, ce cas forme une exception à la règle que le
demandeur est toujours tenu d'administrer la preuve
de ses prétentions, et ici ce serait au défendeur à
prouver l'existence de la servitude. Suivant d'autres
auteurs, comme la proposition négative indéfinie qu'il
n'existe pas de servitude sur son fonds serait d'une
preuve difficile pour le propriétaire, le défendeur,
quoiqu'il ne puisse jamais être forcé d'assumer le
fardeau de la preuve, devrait cependant dans ce cas,
préciser sa défense et alléguer le titre en vertu duquel
il tient ce droit, sauf au propriétaire à prouver de nouveau que ce titre n'existe pas. La proposition est ainsi

définie, grâce à sa concentration sur un point à l'aide d'un tempérament à la maxime que la preuve incombe toujours au demandeur, et elle se trouve ainsi démontrable.

Du reste, il y a aussi exception au principe *probare debet qui dicit*, chaque fois que le demandeur peut invoquer une présomption légale, puisque les présomptions légales ont pour effet de dispenser de toute preuve celui en faveur de qui elles militent, qu'il soit demandeur ou défendeur.

L'administration de la preuve n'est pas illimitée, en ce sens que la preuve de faits contraires à des faits déjà contraires prouvés par la partie adverse n'est pas reçue : «Réprobatoires de réprobatoires ne sont pas reçus» (Loysel, *Institutes coutumières*, § 787). Il y a exception cependant, s'il s'agit de prouver que les moyens qui ont servi à la preuve contraire sont entachés de falsification (Rauter, *Procédure civile*, § 129).

CHAPITRE III.

DES EFFETS DE LA PREUVE PAR RAPPORT A LA CONVICTION DU JUGE.

La preuve doit être complète, c'est-à-dire renfermer tous les éléments nécessaires pour produire un degré de certitude suffisant, pour que le juge puisse tenir comme vrais les faits sur lesquels il doit prononcer.

Si la loi n'a pas déterminé elle-même le degré de force probante d'un moyen de preuve, le juge est souverain appréciateur de la valeur des différents éléments de conviction. Autrement, si la loi veut qu'on tienne la preuve pour certaine, il est obligé d'y conformer son jugement.

Le juge qui rejetterait une preuve que la loi n'a pas laissée à son appréciation, livrerait son jugement à l'attaque par la voie de la cassation. S'il rejetait une preuve complète et irréprochable, mais à laquelle il n'est pas tenu de se rendre, par exemple un témoignage entièrement digne de foi, le recours serait la voie de l'appel (Rauter, *Procédure civile*, § 128).

Si la preuve n'est pas complète, le demandeur en action ou en exception doit échouer, et le juge interpréter le doute en faveur du défendeur. *Actore non probante, absolvitur reus.*

Ce principe si juste, qui est une conséquence de celui que nous avons établi, et en vertu duquel la charge de la preuve incombe à celui qui veut innover, n'a cependant pas été généralement et toujours admis. Les Romains eux-mêmes, qui cependant nous l'ont transmis, l'ont transgressé quelquefois. Ainsi Aulu-Gelle (*Nuits attiques*, liv. XIV, chap. 11) raconte que, siégeant dans une affaire où le demandeur n'avait pas de preuves suffisantes pour prouver l'existence d'une créance en sa faveur, mais ayant une réputation aussi bonne que celle du défendeur était détestable, il s'en tire par un moyen, qui pourrait bien passer pour un déni de justice; en déclarant que l'affaire était complétement obscure pour lui, *sibi non liquere.*

Dans notre ancienne justice, on a vu en 1644 la fameuse sentence des bûchettes, fondée sur l'emploi du sort pour décider entre deux parties qui ne pouvaient établir une preuve complète.

De semblables abus prouvent la justesse de cette maxime, qui peut se justifier, soit par l'idée d'une présomption antéjudiciaire en faveur du défendeur, soit en la rattachant à cette autre idée, que, dans le doute, le demandeur doit être considéré comme n'ayant pas rempli l'obligation qui lui incombe de prouver ses prétentions.

Bentham, lui, propose de renverser cette maxime et d'admettre aussi une présomption anté-judiciaire, mais en faveur du demandeur. Il s'appuie sur une statistique du résultat des procès, et fait remarquer qu'ils se terminent presque toujours par la reconnaissance des droits du demandeur. Mais quelque spécieux que soit ce raisonnement, il ouvrirait, s'il prévalait, la porte aux procès les plus scandaleux, basés sur des prétentions injustifiables (Bentham, *Traité des preuves judiciaires*, t. II, liv. II, chap. 2).

Mais là où la maxime qui absout le défendeur quand la preuve n'est pas complète, doit surtout recevoir son application, c'est en droit criminel, où il serait monstrueux de condamner un homme dont la culpabilité ne serait pas pleinement établie. Cependant, dans l'ancienne France, on employait le terme moyen d'une condamnation à une peine moindre, ou celui de *la mise hors de cour infamante de fait*, comme l'appelaient les anciens criminalistes, ou encore la condamnation aux dépens. (Voy. Papon, *Recueil d'arrêts*, liv. XXIV, t. VIII, n° 1; Pothier, *Procédure criminelle*, sect. V, art. 2, §§ 4 et 5; Muyart de Vouglans, *Lois criminelles de France*, liv. II, part. IV, chap. V, n° 1; Merlin, *Répertoire*, v° *Hors de cour*, § 3). Ces abus révoltants, déjà blâmés énergiquement par d'Aguesseau (lettre du 4 janvier 1739 au prévôt de la maréchaussée de la Franche-Comté), se trouvent encore en vigueur dans certaines législations étrangères; mais ils ont heureusement disparu de nos Codes modernes (voy. un arrêt de la Cour de cassation du 18 germinal an X).

Cependant l'application du principe, *actore non probante absolvitur reus*, peut n'être pas aussi absolue en droit civil qu'en droit criminel. Si, au civil, la preuve, insuffisante pour produire une conviction entière, donne cependant une vraisemblance très-forte, le juge peut déférer à l'une ou à l'autre des parties le serment supplétoire, à l'effet de compléter l'insuffisance de la preuve (art. 1367).

Le juge peut aussi déférer au demandeur le serment sur la valeur des choses dont la restitution est réclamée par lui (art. 1369).

DEUXIÈME PARTIE.

DES PRÉSOMPTIONS EN PARTICULIER.

(Art. 1349 - 1353.)

NOTIONS GÉNÉRALES.

Nous avons dit en parlant des divers modes de preuve en général, que l'on réservait le mot de *preuve* pour désigner spécialement les modes directs de preuve, pour donner le nom de *présomption* à la preuve indirecte.

Nous avons dit aussi que la définition donnée par la loi des présomptions (conséquences que la loi ou le magistrat tirent d'un fait connu à un fait inconnu) pourrait s'appliquer à toutes les preuves de fait, qui reposent toutes sur la méthode de l'induction ; mais que cette opération très-simple et très-rapide dans la preuve directe, devient une construction beaucoup plus compliquée et moins certaine dans la preuve indirecte.

En effet, dans la preuve indirecte, et c'est de là que vient son nom, on ne parvient à la vérité du fait inconnu que par induction des faits connus, qui, par leur nécessité et leur liaison avec celui-là, en font supposer l'existence. C'est donc l'art de tirer des inductions, de presser les conséquences, qui fournit les preuves, très-indirectes comme on voit.

Cette opération logique est décomposée dans l'exemple suivant : une personne, gênée dans ses affaires, consent, du moins en apparence, la vente de ses biens ; ses créanciers chirographaires, privés de leur gage, ne savent pas si la vente est réelle ou simulée. Mais ils découvrent que le prétendu vendeur est resté en possession des objets qu'il paraissait avoir aliénés, qu'il continue à en payer les charges, que l'on ne peut assigner aucun emploi à l'argent dont l'acte constate la numération, que l'acquéreur est un ami, et de tous ces faits on induit que l'acte qui semblait constater une vente, n'était qu'un acte simulé destiné à soustraire à l'action des créanciers les biens d'un débiteur de mauvaise foi.

Ces conséquences paraissent très-justes et très-certaines, mais cependant elles ne sont déduites des faits qui leur servent de prémisses, que d'une manière vraisemblable et qui peut être fausse, ce que nous allons montrer en reprenant notre exemple.

Ainsi, celui qui s'est rendu acquéreur des biens de son ami, a pu avoir pour objet de se faire payer d'une somme d'argent qu'il lui aurait confiée; il a pu aussi le laisser en jouissance par amitié ou par bienfaisance etc.

On voit donc que, quelque probables que soient ces inductions, la chance d'erreur croît avec leur nombre et peut quelquefois dépasser la chance de vérité dans les conséquences très-éloignées du principe.

Lorke compare d'une manière très-ingénieuse cette connaissance produite par une longue suite de preuves à un fait physique. « Il en est de la connaissance pro- « duite par une longue suite de preuves, dit-il, comme « de l'image d'un visage réfléchi par plusieurs miroirs « de l'un à l'autre, qui, aussi longtemps qu'elle con- « serve de la ressemblance avec l'objet, produit la con- « naissance, mais toujours en perdant, à chaque ré- « flexion successive, quelque partie de cette parfaite « clarté et distinction qui est dans la première image, « jusqu'à ce qu'enfin, après avoir été éloignée plusieurs « fois, elle devient fort confuse, et n'est plus d'abord si « reconnaissable, surtout par des yeux faibles » (*Essai sur l'entendement humain*, t. III, p. 378, § 6).

On voit donc que les présomptions, quelque vraisemblables et quelque logiques qu'elle soient, offrent pourtant de nombreuses et faciles chances d'erreur; aussi la loi s'est-elle toujours efforcée d'en restreindre et d'en dominer l'emploi.

Cependant elle n'y est arrivée que lentement et par la suite des temps, car au berceau de toutes les sociétés, les questions de fait et même les questions de droit étaient abandonnées à l'arbitraire du magistrat. Ce n'est que par de grands progrès dans les législations qu'on est parvenu à restreindre cet arbitraire et à créer le système des preuves légales et des présomptions légales, auxquelles le juge est obligé de conformer sa décision, quand bien même sa conviction personnelle le porterait à prononcer autrement.

Ce sont surtout les jurisconsultes romains qui sont arrivés à substituer la croyance ou la présomption de la loi à la croyance ou à la foi des juges, pensant avec raison que plus d'impartialité serait assurée aux jugements si la loi, par des considérations d'ordre public, pour maintenir la paix dans la société et faire tarir la source de mille procès, déclarait, en plusieurs cas, qu'elle tient pour vrai les conséquences qu'elle tire d'un fait certain et connu.

Du reste, avant cette intervention de la loi, avant l'organisation parfaite des pouvoirs dans les sociétés, la justice n'a guère dû être rendue que sur des présomptions. Cela était même fort naturel, lorsque le chef de chaque peuple rendait la justice en personne, et décidait, selon son bon plaisir, chaque contestation qui lui était soumise. Aussi presque tous les jugements célèbres rendus de cette manière sont des exemples très-habiles de présomptions, qui souvent même n'é-taient que des piéges tendus aux parties par l'habileté du juge qui tâchait de leur faire dévoiler à elles-mêmes la vérité qu'elles s'efforçaient de dissimuler. Ainsi le jugement si fameux de Salomon montre un emploi très-habile d'une induction tirée de l'amour maternel.

De nos jours, et avec les progrès des lois, le juge ne

possède plus ce pouvoir arbitraire, qui, s'il pouvait amener des résultats ingénieux, offrait par contre d'immenses abus. Il est tenu, par nos lois, de conformer ses décisions à la preuve directe et aux présomptions légales.

Cependant on a dû laisser à sa prudence l'appréciation de toutes les présomptions que la loi n'a pu établir, puisqu'elles résultent des faits et des circonstances mêmes de la cause spéciale actuellement soumise aux juges. On a dû aussi leur donner l'appréciation de la preuve testimoniale, parce qu'elle tire sa force de la double présomption de l'intelligence et de l'intégrité des témoins, que la loi ne peut connaître.

Mais pour réduire encore ici cet arbitraire autant que possible, notre droit, par un grand progrès, ne reçoit la preuve par témoins que lorsqu'il s'agit d'une valeur n'excédant pas 150 fr. Et, par un progrès plus grand encore, ne pouvant prescrire au magistrat des règles impératives sur l'appréciation des présomptions qui ne sont pas établies par une loi, l'art. 1353 a restreint le pouvoir de juger sur ces présomptions aux cas où est recevable aussi la preuve par témoins.

Mais nous traiterons plus au long ce sujet dans des sections spéciales, où nous rangerons les différentes espèces de présomptions établies par la loi, pour examiner le degré de force probante de chacune de ces espèces.

Nous examinerons ainsi les présomptions légales, qui sont ou simples, ou absolues, et les présomptions de l'homme.

PREMIÈRE DIVISION.

DES PRÉSOMPTIONS LÉGALES.

La présomption légale est celle qui est attachée par une loi spéciale à certains actes ou à certains faits (art. 1350).

Les présomptions légales ont pour effet de dispenser de toute preuve celui en faveur de qui elles existent, et qui allègue un fait réputé certain par une telle présomption (art. 1352, al. 1). Mais ces présomptions sont aussi, en règle générale, susceptibles d'être combattues par la preuve contraire. Mais cette preuve doit toujours être faite d'après les circonstances particulières de la cause; on ne peut jamais combattre une présomption légale, en niant d'une manière générale la justesse et la rigueur logique de l'induction faite par la loi (Aubry et Rau, VI, 331). Du reste, elle peut être faite par tous les moyens de preuve indiqués par la loi.

Cependant, comme dit Toullier, si « considéré abstractivement et en pure théorie, la doctrine de l'admission de la preuve contraire, est incontestable et sans exception, parce que les probabilités et les conjectures doivent toujours céder à la vérité (X, 43) », il y a néanmoins les cas où la loi, par des raisons majeures et dans le but de parer à d'innombrables inconvénients, défend d'une manière absolue toute preuve du contraire. Tel est le cas de l'incapacité présumée des mineurs, à cause de la non-maturité de leur intelligence, qui n'arrive à son développement complet qu'à des époques qui varient suivant les individus. Cependant la loi a

47

admis un terme moyen, auquel elle présume que l'esprit est complétement formé, pour éviter la nécessité d'un nombre de procès et de jugements, presque égal au nombre des individus.

D'après cela, les présomptions légales se divisent en deux classes: celles qui cèdent à la preuve contraire, et celles qui la repoussent d'une manière absolue, ou qui ne l'admettent que dans un nombre de cas restreints et expressément fixés par la loi. Les premières sont appelées *présomptions légales simples* (*juris tantum*), les autres *présomptions légales absolues* (*juris et de jure*).

L'énumération des présomptions légales donnée par le Code à l'art. 1350, n'est pas complète; elle n'est qu'énonciative. Voici les exemples qu'il en donne, ce sont :

1° Les actes que la loi déclare nuls, comme présumés faits en fraude de ses dispositions, d'après leur seule qualité (art. 911, 98 et 1100, 472, 1496, 1597 et 1699, 1595, 2078, 443 et 446).

2° Les cas où la loi déclare la propriété ou la libération résulter de certaines circonstances déterminées (art. 653, 654, 666 et 670; 2230, 2231, 2234 et 2279; 2271 à 2273; 2219 et 1896; 1402; 1282 et 1283; 1908, 553 et 552).

3° L'autorité que la loi attribue à la chose jugée (art. 1351).

4° La force que la loi attache à l'aveu de la partie ou à son serment. (Nous avons déjà vu que l'aveu et le serment rentrent plutôt dans la preuve directe que dans les présomptions, et que la loi elle-même qui les regarde ici comme des présomptions, en traite cepen-

dant dans des sections distinctes de celle des présomptions.)

Il nous reste à mentionner, outre les cas énumérés
par le Code, les art. 1er, 197, 312, 314, 315, 472,
720, 721, 722, 784, 847, 849, 1064, 1082, 1733,
2268 ; et les art. 117 et 683 du Code de commerce.

CHAPITRE PREMIER.

PRÉSOMPTIONS LÉGALES SIMPLES.

Les présomptions légales simples, ou de droit, sont
de fortes preuves, et si fortes que, quoiqu'on puisse les
détruire par une preuve opposée, elles sont décisives,
tant que le contraire n'a pas été prouvé.

La loi n'ayant pas indiqué spécialement par quels
moyens la présomption légale simple peut être combattue, il n'y a pas de restrictions à observer, et la preuve
contraire devra être rapportée d'après les règles ordinaires.

Elle peut donc notamment se faire par la preuve
testimoniale (Nîmes, 22 mai 1819 ; Sir., XX, 2, 33),
et même à l'aide de simples présomptions de fait, puisque ces présomptions sont admises par la loi comme un
moyen de preuve (Aubry et Rau, VI, p. 331, note 6).

Cependant, en sens contraire, Toullier (X, § 63) dit :
« La preuve contraire ne peut consister dans de simples
présomptions de l'homme non établies par la loi. »

C'était aussi l'opinion de d'Aguesseau : La présomption capable d'attaquer celle de la loi, dit-il, doit être
écrite dans la loi même ; elle doit être fondée sur un
principe infaillible, pour pouvoir détruire une proba-

bilité aussi grande que celle qui sert de fondement à à cette preuve» (23 *Plaid.*, t. II, p. 542).

Voët (*D.*, *De probat. et præsumpt.*, n° 15) partage cette manière de voir : *Juris præsumptio, quæ ex legibus introducta est, ac pro veritate habetur, donec probatione, aut præsumptione contrariâ fortiore enervata fuerit, cum ex ipso jure descendat, in potestate vero judicis facti quidem quæstio sit, non juris auctoritas, consequens est eam ab arbitro judicis non pendere.*»

Enfin un arrêt de la Cour de cassation, du 5 janvier 1810, rendu sur les conclusions de Merlin, porte aussi dans l'un des considérants : « Attendu que si une présomption de droit peut être détruite par la preuve positive d'un fait contraire à celui qu'elle suppose, elle ne peut du moins pas l'être par des présomptions non autorisées par la loi, et purement arbitraires. »

On trouvera des exemples de cette preuve contraire dans les articles que nous avons cités plus haut en parlant des présomptions légales en général, toutes les fois que ces articles ne rentrent pas dans les cas où la présomption devient absolue, c'est-à-dire si sur le fondement de cette présomption la loi annule certains actes ou refuse l'action en justice.

Ainsi, sont des présomptions légales simples :

La remise volontaire du titre original sous signature privée ou de la grosse du titre faite au débiteur par le créancier (art. 1282 et 1283).

La représentation des quittances des trois dernières années d'une dette annuelle ;

Dans le contrat de louage, le preneur, s'il n'a pas été fait d'état des lieux, est présumé les avoir reçus en bon état ;

Les dégradations et les pertes sont présumées avoir eu lieu par sa faute ;

L'incendie est présumé être arrivé par sa faute , à moins qu'il ne prouve qu'il est arrivé par cas fortuit ou force majeure, ou qu'il a été communiqué par une maison voisine (art. 1731 à 1733).

Dans tous les cas de présomptions légales , le juge ne peut les écarter purement et simplement, en prétextant que le législateur aurait tiré des faits qui servent de base aux présomptions une induction fausse et contraire, soit aux données de l'expérience, soit aux règles de la logique ; il ne pourrait, sans encourir la cassation, exiger une autre justification de la part de celui qui établit à son profit l'existence de cette présomption.

« Le juge qui ferait abstraction d'une présomption légale , par cela seul qu'il la considérerait comme erronée en elle-même , et indépendamment de toute preuve contraire, soit directe , soit indirecte , corrigerait la loi et usurperait les fonctions législatives » (Aubry et Rau , VI , p. 331, note 7).

CHAPITRE II.

DES PRÉSOMPTIONS LÉGALES ABSOLUES.

Ces présomptions ont une force telle que non-seulement il y a dispense de preuve pour qui les invoque, mais qu'elles paralysent complétement toute preuve contraire entre les mains de la partie adverse.

Ce n'est pas que les faits auxquels la loi attache un caractère de vérité , soient toujours d'une certitude incontestable ; mais ce sont des considérations d'un ordre supérieur, et la crainte d'ouvrir, en certains cas, la porte à la fraude, qui ont déterminé le législateur à vouloir que les présomptions fussent réputées être la vérité même, et à ne pas permettre de les renverser par aucune espèce de preuve contraire. Il accorde ainsi une certitude absolue à des faits auxquels la philosophie la refuserait.

Mais pour le jurisconsulte la loi est la règle et la source de la vérité. « Quand la loi a porté son jugement sur une chose, elle ne peut être démentie, d'où est venue la maxime que la preuve du contraire n'est pas reçue contre les présomptions *juris et de jure* » (Danty, chap. VII, n° 35).

Toutefois la raison dit qu'il y a peu de présomptions tellement indubitables qu'on ne puisse les affaiblir et même les annuler. Ainsi les présomptions de survie offrent l'exemple le plus curieux et le plus frappant de conjectures qui pour l'esprit n'ont aucune certitude, et qui, par la loi, ont et ont dû avoir une force absolue de vérité. En effet, la question de survie ne pouvait, dans l'ignorance absolue des faits, être tranchée que par des considérations fondées sur des probabilités plus ou moins certaines, mais devant nécessairement être admises (voy. les art. 720 à 722). Du reste, il est évident que, si ces présomptions peuvent devenir absolues, ce n'est qu'en l'absence de toute possibilité d'établir les circonstances du fait.

Nous avons dit que la présomption légale absolue est généralement invincible, mais à quel caractère reconnaître une présomption de cette nature ? Le Code a voulu faire cesser l'obscurité de l'ancienne doctrine à ce sujet, mais il est resté lui-même assez obscur. En effet, l'art. 1352 dit : « Nulle preuve n'est admise contre la présomption de la loi, lorsque, sur le fondement d'une telle présomption, elle annule certains actes ou dénie l'action en justice, à moins qu'elle n'ait réservé la preuve contraire, et sauf ce qui sera dit sur le serment et l'aveu judiciaires. »

Cette disposition, « à moins qu'elle n'ait réservé la preuve contraire, » rencontre peu d'application. Il y en a cependant un exemple dans la remise volontaire de la grosse du titre, qui fait présumer la remise ou le paiement de la dette, *sans préjudice de la preuve contraire* (art. 1263). Mais cette présomption nous paraît rentrer plutôt dans la division des présomptions légales simples. Et, comme on n'a pas trouvé d'exemple pour les cas où la loi annule certains actes, on peut regarder cette disposition comme une réserve pour l'avenir, et non comme un renvoi à des textes positifs (Duranton, XIII, § 413; Bonnier, *Traité des preuves*, n° 745).

Enfin, pour ces expressions : « sauf ce qui sera dit sur le serment et l'aveu judiciaires, » nous pensons qu'il faut les considérer comme un genre de preuve contraire exceptionnel, que la loi a voulu permettre d'employer contre la présomption légale absolue, à cause du caractère particulier qui distingue le serment et l'aveu des autres moyens de preuves. En effet, le serment peut être déféré sur quelque espèce de contestation que ce soit (art. 1358), et l'aveu judiciaire fait pleine foi contre celui qui l'a fait. Et surtout ces deux modes de preuves n'offrent aucun danger pour le défendeur, mais ils remettent son sort entre ses mains. Il serait donc parfaitement possible que le Code ait voulu les mettre à part (Duranton, XIII, § 414; Aubry et Rau, VI, p. 332, note 11; Marcadé, sur l'art. 1351, n° 3; Bonnier, n° 744).

Il est enfin une classe de présomptions à l'égard desquelles la loi, sans rejeter aussi complétement la preuve contraire, ne l'admet que dans certains cas, ou ne permet de la faire qu'à l'aide de moyens particuliers de preuve qu'elle indique. C'est ainsi que la présomption : *Pater is est quem nuptiæ demonstrant*, ne peut être combattue que dans les hypothèses prévues par les art. 312 et 313, et la loi du 15 décembre 1850 ; que la présomption de propriété établie en faveur du possesseur d'un meuble corporel, ne peut être combattue que dans le cas de perte ou de vol (art. 2279) ; que les prescriptions de courte durée n'excluent pas le serment (art. 2275) ; que la présomption que la prescription a eu lieu par la négligence du propriétaire, tombe devant la preuve que la possession n'a pas eu lieu dans les conditions exigées par l'art. 2229 ; qu'enfin les présomptions de mitoyenneté, découlant des art. 653, 666 et 670, ne peuvent céder que devant une preuve littérale, des marques de non-mitoyenneté, ou la prescription.

Nous allons examiner encore, dans des sections distinctes, les prescriptions sur le fondement desquelles la loi annule certains actes, ou dénie l'action en justice, et la présomption de vérité attachée à la chose jugée.

SECTION PREMIÈRE.

DES PRÉSOMPTIONS SUR LE FONDEMENT DESQUELLES LA LOI ANNULLE CERTAINS ACTES.

Toute disposition au profit d'un incapable est nulle, qu'elle soit faite sous la forme d'un contrat onéreux, ou sous le nom de personnes interposées. Les père et mère, les enfants ou descendants, et l'époux de la personne incapable sont présumées être des personnes interposées (art. 911).

L'art. 1100 contient une disposition semblable pour les donations de l'un des époux aux enfants que l'autre époux aurait eus d'un précédent mariage, et celles faites par le donateur aux parents dont l'autre époux sera héritier présomptif au jour de la donation. Ces personnes sont aussi réputées personnes interposées.

Les traités passés entre le tuteur et son pupille ou par le tuteur et les créanciers du pupille pour la cession de ces créances, sont nuls (art. 450, 551, 472). Le tuteur est alors présumé agir dans son intérêt propre, et profiter ainsi de la connaissance qu'il a des affaires de celui-ci et abuser en outre de son incapacité.

Les successibles qui ont consenti l'aliénation, soit à charge de rente viagère, soit à fonds perdu, ou avec réserve d'usufruit, de biens de la succession à l'un d'eux, ne peuvent demander l'imputation de la valeur en pleine propriété de ces biens sur la quotité disponible (art. 918).

Les inscriptions hypothécaires sont nulles, si elles sont prises dans le délai pendant lequel les actes faits avant l'ouverture des faillites sont réputés nuls (art. 2146).

Sont nulles les ventes où se sont rendus adjudicataires : les tuteurs, des biens de ceux dont ils ont la tutelle; les mandataires, des biens qu'ils ont essayé de vendre; les administrateurs, des biens confiés à leurs soins; les officiers publics, des biens qui se vendent par leur ministère (art. 1596).

Les magistrats, greffiers, huissiers, avoués, avocats

et notaires ne peuvent devenir cessionnaires des procès qui sont de la compétence du tribunal dans le ressort duquel ils exercent leurs fonctions (art. 1597).

Sont nuls enfin les actes du failli et de ses créanciers prévus par les art. 446 à 448 du Code de commerce, lorsque ces actes sont accomplis après le jugement déclaratif de la faillite, ou dix jours avant ce jugement.

SECTION II.

DES PRÉSOMPTIONS SUR LE FONDEMENT DESQUELLES LA LOI DÉNIE L'ACTION EN JUSTICE.

Dans l'esprit du législateur l'action est censée être déniée toutes les fois qu'on peut lui opposer victorieusement une exception péremptoire. C'est ce qui a lieu notamment :

1° Dans le cas de la prescription (art. 2262).

2° Dans le cas de la présomption militant en faveur du possesseur d'un meuble corporel, sauf le cas de perte ou de vol (art. 2279).

3° Pour les dettes de jeu et le paiement des peines, où la loi n'accorde aucune action (art. 1965).

4° Enfin, pour les rentes viagères, dans le cas de leur création sur la tête d'une personne morte au jour du contrat, ou atteinte de la maladie dont elle meurt dans les vingt jours de la date du contrat (art. 1974 et 1975).

SECTION III.

DE LA PRÉSOMPTION DE VÉRITÉ ATTACHÉE A LA CHOSE JUGÉE.

La chose jugée est tout point de fait ou de droit décidé par un jugement qui n'était pas susceptible d'être attaqué par une voie ordinaire de recours, ou qui a cessé de l'être par l'expiration des délais fixés pour l'exercice de ces recours.

Cette présomption, *juris et de jure*, absolue, n'est certes pas fondée sur la nature des choses et peut consacrer souvent l'erreur et l'injustice, mais cependant son admission a été exigée par de hautes considérations de paix sociale, et elle était nécessaire effectivement pour empêcher les procès de tourner dans le cercle vicieux d'une suite de décisions contradictoires.

En droit romain les *sententiæ nullæ* ne produisaient aucun effet et étaient nulles de droit; mais il n'en est pas de même de la législation française, où « *voies en nullité n'ont point de lieu* » (Loysel, *Inst. coutum.*, § 706). Une fois qu'un jugement est prononcé, il ne peut plus être anéanti que par une des voies de recours ouvertes contre les jugements, et malgré une nullité de formes ou l'incompétence du juge, il y a chose jugée, pourvu que le point de fait ou de droit soit décidé par un jugement contre lequel il n'y a pas de recours ordinaire, ou contre lequel les recours ordinaires sont épuisés.

I.

Des jugements d'où résulte la chose jugée.

La *chose jugée* ne peut résulter en France que de jugements rendus par les tribunaux français. Ainsi les jugements rendus par les tribunaux étrangers, n'ont pas par eux-mêmes en France l'autorité de la chose jugée, qu'ils aient été prononcés entre un français et un étranger, entre deux français ou entre deux étrangers. Ils n'acquièrent cette autorité qu'autant qu'ils seront déclarés exécutoires par un tribunal français et cela par un nouveau jugement (art. 2, 123 ; C. de proc., art. 546).

Les lois politiques ou les traités pourraient apporter des exceptions à ce principe, mais en tout cas il faudrait que, pour devenir exécutoire, le jugement rendu à l'étranger fût revêtu de l'ordonnance d'*exequatur*. Une sentence arbitraire emporte, elle, l'autorité de chose jugée, de quelque nation que soient les arbitres et quel que soit le lieu où elle ait été rendue, pourvu qu'un juge français l'ait revêtue de l'ordonnance d'*exequatur* (Paris, 7 janv. 1853 ; Sir., XXXIII, 2, 145).

Tous les jugements rendus en France n'emportent pas l'autorité de chose jugée. Et tout d'abord il faut distinguer ceux qui émanent de la juridiction contentieuse et ceux qui rentrent dans la juridiction gracieuse des tribunaux. Les premiers ne peuvent être attaqués par voie de nullité, et la voie de nullité est au contraire le seul recours contre les autres. L'autorité de la chose jugée ne peut résulter que de jugements rendus par la juridiction contentieuse. De plus, il faut qu'ils soient ou *définitifs* ou *interlocutoires ; définitifs*, c'est-à-dire que, devant le tribunal actuellement saisi, ils terminent le procès en prononçant sur le fond même de la demande ; *interlocutoires*, c'est-à-dire qu'ils préjugent le fond, en faisant dépendre le jugement définitif du résultat des opérations qui le suspendent (cas d'une enquête ordonnée). L'autorité de la chose jugée ne saurait résulter des jugements *préparatoires* ni des jugements *provisoires* (Toullier, X, 95, 96 ; Rauter, *Procéd. civile*, p. 136).

L'autorité de la chose jugée ne peut résulter que du dispositif et non des motifs du jugement. Mais il ne faut pas que le point de fait ou de droit se trouve dans un chef spécial du dispositif; il suffit qu'il résulte d'un chef du jugement ou qu'il y soit implicitement compris. C'est ainsi qu'un jugement qui repousse l'opposition aux poursuites faites en vertu d'un titre, reconnaît implicitement la validité de ce titre.

Mais, pour qu'il y ait autorité de la chose jugée, il faut qu'il y ait eu contestation entre les parties et devant le juge. Ainsi, le fils demande des aliments à celui qu'il prétend être son père et il en obtient; le jugement qui accorde des aliments n'est pas censé avoir décidé la question de filiation, si elle n'a pas été contestée dans les débats.

Il importe peu que la question ait été soulevée par voie principale ou par voie accessoire; dès qu'elle a été débattue et décidée par le jugement, elle a l'autorité de la chose jugée.

II.

Conditions requises pour constituer la chose jugée.

Pour qu'un jugement ait l'autorité de la chose jugée relativement à une nouvelle demande, il faut, d'après l'art. 1351 du Code Napoléon, le concours de trois circonstances : 1° identité des parties; 2° identité de l'objet; 3° identité de la cause.

1° *Identité des parties.*

Pour qu'un jugement ait l'autorité de la chose jugée, il faut que les parties soient les mêmes et plaident en la même qualité. La chose jugée, pas plus que les conventions (art. 1165), ne peut être opposée aux tiers, ni invoquée par eux. Aussi le tiers, auquel l'exécution d'un jugement porterait préjudice, aurait-il la voie de la tierce-opposition pour empêcher que ce jugement ne lui soit appliqué.

Pour que les parties entre lesquelles renaît une contestation puissent se prévaloir d'un jugement précédent, il faut qu'elles aient figuré dans la première instance ou aient été dûment représentées, et qu'elles agissent encore dans les mêmes qualitées.

Il suffit que les parties qui figurent dans la seconde instance aient été dûment représentées dans la première. C'est ainsi que les héritiers et successeurs universels représentent leurs auteurs, parce qu'ils en continuent la personne. Ainsi encore, le mineur est représenté par son tuteur, la femme par son mari, les absents par leurs héritiers présomptifs. Les administrateurs des biens des personnes morales les représentent aussi, ainsi que les syndics de la faillite représentent la faillite et les gérants la société commerciale.

Les successeurs à titre particulier sont, en ce qui concerne la chose pour laquelle ils succèdent, censés avoir été représentés par leur auteur, pourvu que leurs titres soient postérieurs à l'introduction de l'instance liée avec leur auteur, ou ne soient devenus efficaces contre les tiers qu'à partir de cette époque. Nous ne disons pas postérieurs au jugement, car il peut arriver que l'une des parties aliène la chose litigieuse avant le prononcé du jugement, mais pendant que l'instance dure encore. La chose, étant litigieuse dès l'introduction de l'instance, ne peut être aliénée qu'avec le caractère de chose litigieuse; et le jugement qui interviendra aura tous ses effets à l'égard de l'acquéreur de la chose.

Les droits reconnus contre le débiteur au profit des tiers, ou les condamnations pécuniaires rendues contre lui, nuisent évidemment aux intérêts du créancier. On conçoit dès lors quelle est, quant à la chose jugée, l'importance du rapport existant entre le créancier et le débiteur, rapport qui varie dans ses conséquences pour les créanciers hypothécaires et les chirographaires.

Les créanciers chirographaires doivent être considérés comme ayant été représentés par leur débiteur, dans toutes les instances liées entre lui et un tiers, et cela même si l'instance est postérieure à leurs titres. En vain ces créanciers objecteraient qu'ils ont un droit de gage sur les biens du débiteur (art. 2093), et qu'en conséquence ils en sont, non les successeurs, mais les contradicteurs. On leur répondrait que, sans doute, ils ont un droit de gage, mais en ce sens que les biens du débiteur leur seront distribués au marc le franc; qu'ils ne peuvent attaquer aucun acte passé par leur débiteur, à moins de fraude (art. 1167); et que, jusqu'au moment où leur droit de gage se réalisera, le sort de leur créance est intimement lié au sort de leur débiteur, puisqu'ils ne pourront exercer leur droit que sur les biens qui resteront au débiteur au moment où ils l'exerceront (Nimes, 8 fév. 1832, Sir., 32, 2, 336).

Quant aux créanciers hypothécaires, ils ne sont pas représentés par leur débiteurs, lorsque les instances n'ont été ouvertes qu'après l'époque où leurs droits sont devenus efficaces envers les tiers. Ce principe est fondé sur ce que l'hypothèque constitue un droit réel qui fait, comme tel, partie du patrimoine des créanciers, et engendre à leur profit une action que le débiteur ne peut exercer. De plus, la négligence d'un débiteur qui se laisserait condamner par défaut, ne peut porter atteinte à la sûreté des hypothèques (Aubry et Rau, voy. p. 770 et 771).

Il est des circonstances où certaines personnes sont réputées avoir été représentées par d'autres personnes, mais seulement dans le cas où leur sort aurait été amélioré. Dans cette classe de personnes se trouvent d'abord les débiteurs solidaires (art. 1281, 1385). Il en est de même pour les codébiteurs d'une dette indivisible, et pour les créanciers solidaires.

On peut ranger dans la même classe la caution et le débiteur principal, car la caution est tenue moins rigoureusement envers le créancier que le codébiteur solidaire.

Dans le cas d'un jugement rendu avec l'usufruitier, le nu-propriétaire peut invoquer le jugement par lequel l'usufruitier a fait déclarer son droit d'usufruit contre le tiers détenteur de l'immeuble; mais on ne peut lui opposer un jugement par lequel un tiers se serait fait déclarer propriétaire contre l'usufruitier.

Il en est de même pour les propriétaires d'un immeuble indivis, quant aux jugements rendus dans une première instance, si l'on n'agit plus en la même qualité. Enfin, un jugement rendu avec un individu en qualité d'administrateur de la fortune d'autrui ou de mandataire, n'a pas l'autorité de la chose jugée pour ou contre lui personnellement.

2° Identité de l'objet.

Pour que l'on puisse opposer l'exception de la chose jugée, il faut que la nouvelle contestation porte sur la même chose corporelle, sur la même quantité, ou sur le même droit. Cependant l'identité de la chose ne doit pas s'entendre dans un sens trop littéral. Ainsi, il importe peu que l'objet, s'il est resté moralement le même, ait subi quelques augmentations, diminutions ou autres changements (L. 21, § 1; D., *De except. rei judic.*, Pothier, *Oblig.*, t. IV, chap. III, sect. III, art. 4). «*In toto et pars continetur*» (L. 113, D., *De rej. jur.*) est la principale règle à suivre dans cette matière. D'après ce principe, après avoir demandé le tout, et avoir succombé, on ne peut plus demander la partie. Il résulte de là que si l'on avait été vaincu dans une demande en revendication d'un domaine, on ne pourrait revendiquer en particulier un immeuble dépendant de ce domaine.

Les faits civils ou naturels, et en général les produits d'une chose sont à considérer comme formant un seul et même objet avec cette chose. Ainsi, quand je suis vaincu en demandant une somme principale, je ne suis pas recevable à demander les intérêts de cette somme, car ces intérêts ne peuvent m'être dus si la somme principale ne m'est pas due (Pothier, *Oblig.*, part. IV, chap. III; sect. III, art. 4).

La réciproque de cette règle, *in toto et pars continetur*, n'est pas admissible. On ne pourrait pas, en se fondant sur cette idée, que le tout n'est pas compris dans la partie, former obstacle à l'introduction d'une demande de la totalité d'une chose, parce qu'on aurait antérieurement succombé dans la réclamation d'une partie seulement de cette chose.

L'exception *rei judicatœ* serait évidemment opposable à cette partie, mais serait sans aucune influence à l'égard des autres.

3º *De l'identité de la cause.*

A côté de l'identité des parties et de l'identité de l'objet, la loi exige, pour l'existence de la présomption attachée à la chose jugée, qu'il y ait identité de cause.

Il faut entendre ici, par ce mot de *cause*, le fait juridique qui forme le fondement direct et immédiat du droit ou du bénéfice légal que l'une des parties fait valoir par voie d'action ou d'exception.

La cause de l'action ou de l'exception n'est donc pas le droit ou le bénéfice même qu'il s'agit de faire valoir, mais le principe générateur de ce droit ou de ce bénéfice (Aubry et Rau, VI, § 769, note 67). Ainsi, quand je soutiens que vous m'avez donné cette maison, la cause consiste, non pas dans le droit de propriété que je m'attribue sur cette maison, mais dans la donation.

Il ne faut pas d'ailleurs confondre avec la cause d'une demande les moyens qui concourent à la constituer ou qui servent à en justifier l'existence. Ces moyens que les jurisconsultes romains appelaient *causæ remotæ actionis*, forment pour ainsi dire *les causes de la cause.* Aussi deux demandes peuvent-elles être considérées comme fondées sur la même cause, bien qu'à l'appui de la seconde on présente un moyen nouveau. Par exemple, je dirige contre vous une action en résolution d'un contrat pour vice de consentement, et j'invoque, à l'appui de ma prétention, l'existence d'un dol; le droit réclamé, c'est la résolution du contrat; le fait générateur du droit, en d'autres termes la cause, c'est le vice du consentement; le moyen de la demande, la cause de la cause, c'est le dol. J'échoue dans ma demande et je forme une nouvelle action en résolution du même contrat, fondée cette fois sur la violence; l'exception de la chose jugée me sera opposable, car ma nouvelle demande contient identité de parties, d'objet et de cause ; la seule différence c'est le moyen employé. Mais l'identité de cause entre deux demandes, tendant toutes deux à l'annulation du même contrat, n'existerait pas si ces demandes étaient fondées sur des causes de nullité d'une nature différente. Ainsi, dans l'espèce supposée, je tente une troisième action pour annuler le même contrat, mais en me fondant cette fois sur mon incapacité ; elle ne sera pas repoussée par l'exception *rei judicatæ*.

Quand, relativement à un même objet, une personne a deux actions, fondées sur des causes différentes, rien ne l'empêche donc de les exercer l'une après l'autre dans des instances successives. En effet, l'adage *electa una via non datur recursus ad alteram*, ne lui serait pas opposable; il ne s'applique qu'au cas de plusieurs actions fondées sur la même cause. Ainsi, le propriétaire d'un immeuble, après avoir échoué dans une demande en restitution de cet immeuble, fondée sur un bail ou une antichrèse, pourrait le réclamer ultérieurement par voie de revendication.

Mais celui qui aurait succombé dans l'action en pétition d'hérédité, par laquelle il a revendiqué la moitié d'un patrimoine, ne pourrait plus réclamer cette même moitié par une action en partage, car, dans ces deux circonstances, les deux actions différentes sont basées sur la même cause, le titre d'héritier.

Une action en nullité et une action en rescision pour cause de lésion; une action en nullité ou en rescision d'un contrat et les actions en résolution et en résilia-

tion de ce contrat; l'action possessoire et l'action péti-
toire diffèrent entre elles, tout à la fois sous le rapport de leur objet et de la cause sur laquelle elles
reposent. L'une ne fait donc pas opposition à l'autre,
sous le rapport de l'autorité de la chose jugée (Aubry
et Rau, VI, § 769, p. 500).

III.

Des effets de la chose jugée.

L'autorité de la chose jugée constitue une présomption légale absolue de vérité, qui rend légalement certaine l'existence ou la non-existence du rapport juridique qui a fait l'objet de la contestation entre les
parties ; de telle sorte que ni la partie contre laquelle le
jugement a été rendu ni même celle qui a obtenu gain
de cause, ne serait admise à ébranler cette présomption
par la preuve contraire. *Res judicata pro veritate habetur.* (L. 207, *D.*, *De reg. jur.*).

Cette présomption est absolue, avons-nous dit : elle
ne peut donc être attaquée par la preuve contraire ;
mais l'autorité peut disparaître si le jugement est an-
nulé, rétracté ou cassé par voie de recours extraordinaire. Cette exception appartient, avons-nous dit encore,
aux deux parties : elle peut être produite par chacune
d'elles, en instance d'appel pour la première fois, et si
elle est repoussée à tort, on peut la faire valoir en cassation, car alors l'arrêt de la Cour d'appel aura violé
l'art. 1350 ; mais on ne peut l'opposer pour la première
fois en cassation. Lorsque cette exception n'est pas opposée par celui qui avait intérêt à le faire, le juge ne
peut la suppléer d'office, pas plus qu'il ne peut suppléer la prescription. Ces deux exceptions sont mises

sur la même ligne dans les Pandectes, parce qu'elles ont le même fondement. En effet, le silence de celui qui n'oppose pas l'exception de la chose jugée, peut venir de ce qu'il regarde le jugement rendu en sa faveur comme injuste, ainsi que le silence de celui qui n'oppose pas la prescription peut venir de ce qu'il regarde la dette comme non éteinte.

Aussi la jurisprudence des arrêts est-elle constante sur le point, qu'on ne peut suppléer d'office l'exception de la chose jugée. Merlin dit qu'en matière civile, on ne peut casser, comme violant la chose jugée, un jugement en dernier ressort rendu contre une partie qui n'a pas opposé l'exception de la chose jugée en sa faveur, *quia unicuique licet iis renuntiare quæ pro se introducta sunt.*

D'ailleurs, ajoute Merlin, le juge ne peut deviner que l'affaire qu'on lui soumet a déjà été tranchée par un premier jugement. Il rapporte à ce sujet un arrêt de la Cour de cassation du 15 pluviôse an XIII.

Ces principes sont absolument conformes à la raison, et c'est par les mêmes motifs, qu'on peut renoncer tacitement à la prescription acquise (art. 2220, 2221), quoiqu'on n'y puisse renoncer d'avance (Toullier, X, § 75; Merlin, *Rép.*, vº *Chose jugée*, § 20(.

L'autorité d'un jugement qui reconnaît l'existence d'un rapport judirique, s'étend à toutes les conséquences légales, nécessaires et forcées de ce rapport. Ainsi, le jugement qui reconnaît à quelqu'un la qualité de fils, reconnaît virtuellement le droit aux aliments. S'il s'agit d'une qualité purement accidentelle, le jugement qui attribue ou dénie cette qualité à l'une des parties, même dans son dispositif, n'a d'autorité qu'en ce qui concerne la contestation sur laquelle il est intervenu, et n'empêche pas que la même question ne puisse être de nouveau soulevée entre les mêmes parties à l'occasion d'une autre contestation, et recevoir une solution différente (Aubry et Rau, VI, § 769, p. 510).

Par l'effet de la chose jugée, les jugements qui établissent l'existence d'une créance ou d'une obligation, opèrent novation, en ce sens que, pour l'avenir, la chose jugée tient lieu de cause à l'obligation. Cette novation a cela de particulier, c'est que c'est une *novation cumulative*, qui ne produit pas l'effet d'un paiement, et qui, loin d'éteindre l'ancienne obligation, la confirme au contraire et la corrobore (L. 4, § 7, D., *De re jud.*; L. 8 et L. 29, § 3, D., *De novat.* 46, 2; Aubry et Rau, VI, § 769, p. 511).

La chose jugée produit une action spéciale, l'*actio judicati*, qui peut être exercée pendant trente ans, quel que soit le délai de la prescription applicable à la première obligation (C. Nap., art. 2262 et 189).

IV.

Influence des jugements rendus au criminel, quant aux intérêts civils.

Nous avons à examiner ici si les jugements rendus sur une poursuite criminelle, ont quelque influence sur l'action civile, et quelle est cette influence?

Quant à la question de savoir si cette influence existe, l'affirmative et la négative ont été soutenues, mais, à notre avis, en partant d'un faux point de vue, c'est-à-dire en se fondant sur l'idée que le nœud devait être tranché par l'application de l'art. 1351. Merlin en effet, d'après l'art. 1351, a soutenu, qu'en règle générale, il y avait identité d'objet et de cause entre l'action publique et l'action civile, et a prétendu, quant à l'identité des parties, que le ministère public, poursuivant les affaires criminelles aux risques et périls de tous les intéressés, les personnes lésées par un délit devaient être considérées comme ayant été représentées dans les jugements rendus sur sa poursuite (*Quest. de droit*, v° *Faux*, § 6).

Toullier, au contraire, se fondant aussi sur le même art. 1351, d'après lequel l'autorité de la chose jugée ne peut avoir lieu qu'autant que la demande est basée sur la même cause et entre les mêmes parties, enseigne que la cause de l'action civile est essentiellement différente de celle de l'action publique, bien que toutes deux se rattachent au même fait, puisque dans l'une il s'agit de la réparation d'un dommage, et dans l'autre, de l'application d'une peine. Quant aux parties, ils est évident, dit-il, qu'elles ne sont pas les mêmes ; car le ministère public représente bien la société en général, mais il ne représente pas spécialement la partie civile, il n'a pas même qualité pour défendre ses intérêts pécuniaires (VIII, 30 et suiv ; X, 240 et suiv.).

Ces arguments semblent péremptoires, mais le point de vue où se sont placés ces deux auteurs est inexact.

Si l'art. 1351 devait servir de base à la solution de cette question, nous n'hésiterions pas à nous ranger à l'opinion de Toullier, que les jugements criminels ne peuvent emporter au civil l'autorité de la chose jugée, car il n'y a aucune des conditions d'identité exigées par l'art. 1351. En effet, les *parties* sont, d'un côté, le ministère public et le délinquant, et de l'autre, la partie lésée et le délinquant ; l'*objet* est, d'un côté, la punition d'un délit, d'une atteinte portée à la loi pénale, de l'autre, la réparation du dommage qu'a causé le délit; la *cause* enfin est, d'un côté, l'atteinte portée à la loi pénale, et de l'autre, le préjudice causé à autrui. Mais la question est de savoir si c'est dans l'application de l'art. 1351 que nous devons chercher une solution. Tant qu'il s'agira de contestations soumises à des tribunaux appelés à juger des questions de même nature, nous nous baserons sur l'art. 1351 pour savoir si l'un de ces tribunaux est lié par la décision émanée de l'autre. Mais lorsqu'il s'agit de tribunaux dont la mission est toute différente, comme lorsque l'un est civil et l'autre criminel, il faut, pour déterminer l'effet du jugement de l'un de ces tribunaux, prendre avant tout en considération la nature et le but de son institution (Aubry et Rau, VI, § 769, p. 504, texte et note 91).

Or les tribunaux criminels ont pour mission de rechercher et de punir les infractions à la loi pénale. Quand ils ont statué sur des faits uniquement de leur ressort, leurs jugements sont souverains, vis-à-vis de la société tout entière, et par conséquent de tous les individus. (Les art. 198 du Code Napoléon et 463 du Code d'instruction criminelle nous donnent des applications de ce principe.) On méconnaîtrait le but de leur institution en soutenant que leurs jugements n'ont pas à l'égard de tous l'autorité de la chose jugée, et en déduisant de là qu'un tribunal civil pourrait déclarer l'innocence lorsqu'ils ont établi la culpabilité, et, réciproquement, la culpabilité lorsqu'ils ont reconnu l'innocence. Aussi, une fois qu'ils ont prononcé l'acquittement ou la condamnation, on ne peut plus mettre en question le fait de savoir si le prévenu a ou non commis le délit ou le crime. D'un autre côté, les tribunaux criminels n'ont pas, en règle générale, à s'occuper des intérêts civils, de la responsabilité directe du délinquant envers le plaignant; mais la partie lésée peut, si elle le veut, poursuivre devant eux la réparation du dommage (C. d'instr. crim., art. 3). Si elle n'a pas usé de ce droit, et si elle actionne le prévenu devant le tribunal civil, le prévenu acquitté ne pourra exciper du jugement d'acquittement rendu à son profit. On objectera que le jugement a été rendu vis-à-vis de toute la société et qu'il doit être irrévocable, même contre celui qui n'y est pas intervenu; mais le jugement d'acquittement n'a pas porté sur la responsabilité civile, dont le tribunal n'avait pas à s'occuper, puisque la partie lésée ne le lui avait pas demandé; par conséquent, ce jugement ne peut porter préjudice au plaignant et l'empêcher de poursuivre les dommages-intérêts. Sans doute le tribunal civil ne pourra mettre en question l'existence du délit ou du crime, mais les faits qui ont servi de base à la poursuite criminelle pourront être envisagés comme constituant un délit de droit civil ou un quasi-délit, dans le sens des art. 1382 et suivants, et fonder ainsi l'action civile.

Si un jugement d'acquittement n'empêche pas la partie lésée de poursuivre le prévenu devant le tribunal civil, lorsqu'elle n'est pas intervenue dans l'instance criminelle, il en sera de même, et à plus forte raison, dans le cas d'un jugement d'absolution.

Si le jugement est un jugement de condamnation, le condamné ne peut plus soutenir devant le tribunal civil qu'il n'est pas l'auteur du fait, puisqu'il a été souverainement jugé qu'il en est l'auteur; la partie lésée n'aura donc plus rien à prouver et pourra invoquer le jugement de condamnation pour y appuyer ses prétentions quant aux intérêts civils (Civ. Cass., 5 mai 1818; Sir., XIX, 1, 162).

Si l'action civile avait été intentée en même temps que l'action publique, et avait été rejetée comme mal fondée par le juge criminel, elle ne pourrait plus être reproduite devant le juge civil, et ceci en vertu de l'art. 1351, qui serait applicable dans cette circonstance.

DEUXIÈME DIVISION.

DES PRÉSOMPTIONS DE L'HOMME.

Les présomptions *de fait* ou *de l'homme* sont les conséquences que le magistrat tire des faits reconnus entre les parties ou préalablement prouvés, pour arriver à la vérité sur les faits contestés (art. 1349). Ces présomptions varient à l'infini, autant que les faits eux-mêmes; aussi la loi a-t-elle dû les abandonner à la prudence et aux lumières des juges.

Mais à cause de cette nécessité, la loi a restreint l'emploi des présomptions de fait aux cas où est admissible la preuve testimoniale, qui a dû aussi être abandonnée à l'arbitraire du juge, puisque la bonne foi et l'intelligence des témoins sont des faits particuliers que le Code n'a pu prévoir.

Les présomptions de l'homme ne sont donc admissibles que :

1° Lorsque l'objet de la demande ne dépasse pas 150 fr. (art. 1341).

2° Lorsqu'il y a un commencement de preuve par écrit, et alors quelle que soit la valeur de l'objet en litige (art. 1347).

3° Lorsqu'il n'a pas été possible au créancier de se procurer une preuve littérale de l'obligation contractée envers lui (art. 1348).

4° En matière commerciale, les présomptions de l'homme sont toujours admissibles (art. 109).

Mais si, hors de ces limites, le juge admettait des présomptions de fait, son jugement encourrait la censure de la Cour de cassation (Merlin, *Rép.*, v° *Présomption*, § 4, n° 1; Toullier, X, 20 et 21; Marcadé, art. 1353; Civ. Cass., 1er mai 1815, Sir., 1, 277).

L'appréciation de la valeur des présomptions étant entièrement abandonnée au juge, son erreur sur ce point ne constituerait qu'un mal jugé, et ne pourrait donner ouverture à cassation (Req. rej., 27 avril 1830, Sir., 30, 1, 186; Req. rej., 1er février 1832, Sir., 32, 1, 139; Req. rej., 20 décembre 1832, Sir., 33, 1, 344; voy. aussi Toullier, Marcadé, *loc. cit.;* Bonnier, 714).

La loi a cru devoir dire aux juges que les présomptions sur lesquelles ils se fondent doivent être graves, précises et concordantes; mais évidemment, malgré l'emploi du pluriel, la loi n'a pas entendu exiger le concours de plusieurs présomptions, puisqu'elle a assimilé les présomptions de fait à la preuve testimoniale, et qu'aujourd'hui la règle *testis unus, testis nullus,* n'est plus applicable.

C'est donc à tort que Toullier a voulu que le juge ne pût fonder sa décision que sur un ensemble de présomptions; car un fait isolé peut fournir des inductions d'une extrême gravité et, il faut l'avouer, la plupart des présomptions légales ne reposent que sur un fait unique (Toullier, X, §§ 20 à 22 ; Bonnier, n° 716 ; Marcadé, *loc. cit.*).

On a aussi prétendu que dans le cas de la loi *Procula* (L. 26, *D.*, *De probat.*), l'induction ne pourrait être admise que si l'espèce présentait la réunion des diverses circonstances énumérées dans la loi romaine. Mais cette loi n'a plus chez nous aucune autorité autre que de doctrine, et la Cour de cassation a fait justice de ce système (Req. rej., 11 nov. 1806).

Ajoutons encore que les dernières expressions de l'art. 1353 « à moins que l'acte ne soit attaqué pour cause de dol ou de fraude » signifient que, bien que la preuve testimoniale soit admise pour prouver le dol ou la fraude, les présomptions de fait ne le sont pas, puisque, en vertu de l'art. 1116, le dol et la fraude ne se présument point, et qu'au contraire (art. 2268), la bonne foi se présume toujours, *nam præsumptio semper fieri debet in meliorem partem.*

DROIT ADMINISTRATIF.

Des attributions des conseils de préfecture en matière contentieuse.

INTRODUCTION.

DE LA JURIDICTION ADMINISTRATIVE.

1° *Principe de la juridiction administrative.*

L'action de l'administration pouvant soulever des réclamations, il doit y avoir des magistrats chargés de juger ces réclamations ; de là la nécessité d'une juridiction administrative. Mais à qui sera confiée la juridiction administrative, c'est-à-dire le pouvoir de juger les questions contentieuses soulevées par des matières administratives ?

Dans l'ancienne France, avant la Révolution, la juridiction administrative était en grande partie déférée aux magistrats de l'ordre judiciaire. L'Assemblée constituante, au contraire, sépara, par la loi du 16-24 août 1790, la justice ordinaire de la justice administrative, et réunit, par des lois postérieures, le contentieux administratif à l'administration elle-même, en le remettant soit entre les mains de municipalités, soit entre celles des directoires de district ou de département.

Le principe de séparation posé par l'Assemblée constituante fut maintenu par toutes les législations postérieures, mais la Constitution du 22 frimaire an **VIII** créa la première le système en vertu duquel on établit une magistrature administrative distincte de l'administration active. Elle annonça la création d'un conseil d'État, qui serait chargé de résoudre les difficultés qui s'élèveraient en matière administrative. Le règlement du 5 nivôse an **VIII** organisa ce conseil d'État, et la loi du 28 pluviôse an **VIII** créa dans chaque département un conseil de préfecture, juge en premier ressort d'une partie très-importante du contentieux administratif.

C'est ainsi que se trouvèrent établis, non pas les seuls, mais les principaux tribunaux administratifs, qui fonctionnent encore aujourd'hui, et qui entièrement distincts de l'autorité judiciaire, le sont également de l'administration active.

La juridiction administrative se trouve donc dévolue aujourd'hui à des *tribunaux administratifs*, c'est-à-dire à des autorités, collectives ou individuelles, chargées par les lois de statuer sur le contentieux de l'administration.

Ces tribunaux sont généraux ou spéciaux, suivant que, comme les conseils de préfecture, les ministres et les préfets, ils connaissent de matières très-nombreuses et très-variées, ou que, comme les conseils de révision, la cour des comptes, le conseil impérial de l'instruction publique, ils ne connaissent que d'un ordre de questions déterminées et spéciales.

La juridiction administrative, comme la juridiction judiciaire, admet plusieurs degrés, mais à la différence de cette dernière, qui n'en comprend que deux, elle peut en comprendre jusqu'à quatre.

Le nombre de degrés de juridiction permet de diviser les tribunaux administratifs en quatre séries, suivant qu'ils jugent en premier ou en dernier ressort, ou qu'ils ont une, deux ou trois voies de recours hiérarchique au-dessus d'eux.

D'après l'autorité de leurs décisions, ils se divisent en trois catégories : ceux qui prononcent en dernier ressort, ceux qui statuent à charge d'appel, et, en troisième lieu, formant à lui seul la troisième catégorie, le conseil d'État, qui jouit à la fois de la qualité de tribunal d'appel pour certains tribunaux administratifs, et de tribunal de cassation pour tous.

Les conseils de préfecture, qui seuls nous occuperont ici, statuent à charge d'appel, et ont hiérarchiquement au-dessus d'eux le conseil d'État, devant lequel se forment les recours contre leurs décisions.

2° *Du tribunal administratif ordinaire.*

Comme il existe aujourd'hui des tribunaux administratifs, il doit y en avoir un ordinaire et de droit commun, correspondant au tribunal d'arrondissement en matière judiciaire. Mais quel est le tribunal, et devant quel juge seront portées les réclamations administratives, à défaut d'un texte précis attribuant la contestation à un tribunal d'exception ? Le doute ne peut exister qu'entre les ministres et les conseils de préfecture, mais la question a été très-vivement débattue au sujet de ces deux tribunaux.

Pendant longtemps on décidait en faveur des conseils de préfecture, que l'on regardait comme les juges ordinaires du contentieux administratif, par des raisons que nous allons passer en revue.

A ne consulter que l'exposé des motifs de la loi du 28 pluviôse an VIII, on pourrait penser, d'après les expressions du rapporteur, M. Rœderer, que c'est là l'esprit de loi. Voici ses paroles : « Remettre le conten- « tieux de l'administration à un conseil de préfecture « a paru nécessaire, pour garantir les parties intéres- « sées de jugements rendus sur des rapports et des avis « de bureaux, pour donner à la propriété des juges « accoutumés au ministère de la justice, à ses règles, à « ses formes ; pour donner, tout à la fois, à l'intérêt « particulier et à l'intérêt public, la sûreté qu'on ne « peut attendre d'un jugement porté par un seul homme ; « car tel administrateur, qui balance avec impartialité « des intérêts collectifs, peut se trouver prévenu et pas- « sionné quand il s'agit de l'intérêt d'un particulier, et « être sollicité pas ses affections où ses haines person- « nelles à trahir l'intérêt public, ou à blesser des droits « individuels. »

De plus, cette interprétation de la loi du 28 pluviôse an VIII est adoptée par les considérations d'un décret en conseil d'État, à la date du 6 décembre 1813, inséré au *Bulletin des lois*, et de quelques autres semblables.

Mais aujourd'hui le conseil d'État a abandonné cette décision, que du reste le texte même de la loi du 28 pluviôse an VIII ne justifiait pas. En effet, l'art. 4 de cette loi fixe la compétence du conseil de préfecture et la limite à certaines questions, très-nombreuses et très-importantes certainement, mais il n'y a pas là attribution générale du contentieux administratif.

Les lois postérieures qui ont ajouté de nouveaux cas à ceux déterminés par la loi du 28 pluviôse an VIII, ont agi de la même manière ; et si aujourd'hui les conseils de préfecture se trouvent investis du pouvoir de prononcer sur la majeure partie du contentieux administratif, ce n'est toujours qu'en vertu de dispositions expresses et spéciales, et jamais à titre général.

Il reste donc à prouver que ce sont les ministres qui sont les juges ordinaires des matières contentieuses de l'administration.

Cette question ne pouvait faire aucun doute sous l'empire de la loi du 27 avril et du 25 mai 1791, qui attribuait au roi et à ses ministres réunis en conseil d'État, l'ensemble du contentieux administratif. Mais la constitution de 5 fructidor an III, détruisit le conseil des ministres, en conséquence de quoi les affaires qui étaient de la compétence du conseil se trouvèrent transportées à celui des divers ministères dont elles ressortissaient en particulier : les ministres étaient même, sous l'empire de cette constitution, les juges suprêmes et en dernier ressort du contentieux administratif, concuremment avec le directoire exécutif.

La constitution de l'an VIII leur enleva cette prérogative pour la donner au conseil d'État, mais elle leur a laissé la qualité de juges ordinaires, qu'ils conservent encore aujourd'hui, ce qui est énoncé dans le rapport présenté par M. Boulatigniers au conseil d'État, sur le projet de loi relatif aux conseils de préfecture, projet soumis à l'Assemblée législative en 1851, mais qui n'a pu être discuté par elle.

3° *Différence entre le contentieux administratif et le contentieux judiciaire.*

Le contentieux administratif comprend les cas où l'intérêt général est aux prises avec l'intérêt privé, tandis que le contentieux judiciaire embrasse les contestations entre deux parties, au sujet d'intérêts purement privés.

C'est là la distinction théorique entre le contentieux judiciaire et le contentieux administratif. Mais pour appliquer cette formule en pratique, il faut établir des distinctions suivant la nature de l'acte administratif qui a provoqué le litige, car c'est toujours d'un acte administratif que naît le contentieux administratif. Car si un acte de cette nature manque, il y a lieu à la compétence judiciaire, quand même l'administration figurerait au procès.

Tout acte administratif peut être réglementaire et général ou purement contractuel, et la contestation peut porter sur la réformation, l'interprétation ou l'application de cet acte. S'il est réglementaire, sa réformation est poursuivie administrativement, mais non contentieusement; son interprétation et ses conséquences, au contraire, sont portées devant les tribunaux de l'ordre judiciaire, car les dispositions réglementaires ont un caractère plus législatif qu'administratif.

Si l'acte est spécial, comme l'acte autorisant par exemple la construction d'une digue, il constitue un fait administratif pur qui ne dépend par conséquent pour sa réformation et même pour son interprétation que de l'autorité administrative.

Si l'acte est contractuel, il est du ressort de l'autorité judiciaire, sauf les cas réservés par la loi pour fa-
ciliter la marche de l'administration, et la promptitude
et l'économie qu'exigent souvent ses opérations.

Du reste, le principe de la compétence administrative est fondé tout entier sur l'indépendance de l'administration vis-à-vis de l'autorité judiciaire, et sur le besoin exprimé plus haut de ne pas entraver la rapidité
de son action. Ces principes peuvent aussi servir de
règles pour fixer la compétence administrative.

CHAPITRE PREMIER

NOTIONS GÉNÉRALES SUR LES CONSEILS DE PRÉFECTURE.

SECTION PREMIÈRE.

ORGANISATION DES CONSEILS DE PRÉFECTURE.

Le conseil de préfecture est un conseil permanent
placé près du préfet de chaque département et réunis-
sant trois espèces d'attributions, à savoir des attributions consultatives, délibératives et contentieuses.

La création de ces conseils remonte à la loi du 28
pluviôse an VIII.

L'art. 2 de cette loi portait le nombre des conseillers
composant les conseils de préfecture de trois à cinq,
suivant l'importance des localités.

Aujourd'hui, d'après le décret du 28 mars 1852, le
nombre des conseillers n'est plus de cinq que dans le
seul département de la Seine. Il est de quatre dans
vingt-deux départements spécialement désignés, et de
trois dans tous les autres.

Les conseillers sont nommés d'après l'art. 18 de la

loi du 28 pluviôse an **VIII**, par le chef du pouvoir exécutif.

Aucune condition légale d'aptitude n'est exigée pour être nommé ; il suffit d'avoir vingt-cinq accomplis.

Les conseillers de préfecture sont amovibles ; leur révocation a lieu, comme leur nomination, par décret impérial.

La qualité de conseiller de préfecture est incompatible avec les fonctions ou professions :

1° De magistrat ou de greffier de l'ordre judiciaire et de notaire (Loi du 24 vendémiaire an III, art. 1er et 5, tit. II).

2° D'avoué, de maire, de sous-préfet (Avis du conseil d'État du 18 juillet 1809, approuvé le 5 août).

3° De conseiller général (Loi du 22 juin 1833, art. 5 ; de conseiller d'arrondissement (Décret du 3 juillet 1848, art. 14) ; de conseiller municipal (Loi du 5 mai 1855, art. 10).

Les règles relatives à la réunion des conseils de préfecture se trouvent dans l'art. 5 de la loi du 28 pluviôse, l'arrêté du 19 fructidor an IX, et le décret du 16 juin 1808. De ces dispositions combinées, il résulte : 1° que le préfet a entrée au conseil, qu'il prend part à ses délibérations et en est le président de droit ; 2° que le conseil n'est constitué qu'autant qu'il y a trois membres présents, le préfet compris dans ce nombre ; 3° qu'en cas d'insuffisance du nombre, les membres présents le compléteront en désignant un membre du conseil général, pourvu que ce ne soit pas un magistrat de l'ordre judiciaire ; 5° qu'en cas de partage la voix du préfet, ou, à son défaut, du conseiller le plus âgé, aura la prépondérance.

SECTION II.

ATTRIBUTIONS DES CONSEILS DE PRÉFECTURE.

Ces attributions forment trois classes; elle sont, ainsi que nous l'avons vu, consultatives, délibératives ou contentieuses.

1° *Attributions consultatives.*

Le préfet peut toujours consulter le conseil de préfecture, mais il y a des cas, en grand nombre, où il est obligé de prendre son avis, mais même alors il n'est pas lié par les délibérations de son conseil et il reste libre de s'y conformer ou non. Il prononce toujours sous sa propre responsabilité, et l'arrêté qu'il rend porte le nom d'arrêté du préfet en conseil de préfecture.

Les cas où le conseil doit être appelé peuvent se diviser en trois classes suivant qu'ils concernent : 1° des matières purement administratives; 2° des matières contentieuses; 3° des éclaircissements à donner au pouvoir central.

2° *Attributions délibératives.*

Ces attributions, qui concernent la tutelle administrative, sont les attributions propres des conseils de préfecture et portent sur les autorisations de plaider qu'ils sont chargés d'accorder ou de refuser à certaines personnes civiles :

Les communes et sections de communes,
Les hospices,
Les bureaux de bienfaisance,

Les fabriques des églises ,

Les consistoires,

Les congrégations,

Les cures et chapitres,

Les menses épiscopales ,

Les séminaires

ne peuvent plaider sans autorisation du conseil de préfecture. Sa décision en ce cas n'est pas un acte d'attribution contentieuse, c'est un acte de tutelle administrative. L'adversaire de la commune n'a pas de recours contre la décision du conseil de préfecture; la commune en a par la voie administrative.

3° *Attributions contentieuses.*

Ces attributions formant la partie principale de notre travail, nous examinerons les différentes matières attribuées à la juridiction contentieuse des conseils de préfecture dans un chapitre particulier.

CHAPITRE II.

ATTRIBUTIONS CONTENTIEUSES DES CONSEILS DE PRÉFECTURE.

Les principales attributions contentieuses des conseils de préfecture remontent à la loi même qui a institué ces conseils. Pour ces matières ces conseils sont des tribunaux administratifs jugeant les contestations entre l'intérêt pnblic et l'intérêt privé, dans les limites de leurs attributions, car il faut pour les saisir un texte de loi spécial. Les conseils sont des tribunaux inférieurs, car ils jugent à charge d'appel.

Chaque conseil a pour ressort le département où il

siége; sa compétence se règle suivant la situation deˢ lieux, et non d'après le domicile des parties. En général, la demande doit être portée devant le conseil du département où ont été passés les actes au sujet desquels s'est élevée la réclamation.

Les conseils de préfecture sont compétents :

1° En matière de contributions ;

2° En matière de travaux publics ;

3° En matière de voirie ;

4° En matière de domaine national.

Ces quatre attributions leur sont faites par la loi du 28 pluviôse an VIII, les suivantes par des lois postérieures et spéciales :

5° En matière d'établissements insalubres ;

6° En matière de servitudes militaires ;

7° En matière de marchés de fournitures ;

8° En matière de mines ;

9° En matière d'administration communale ;

10° En matière de comptabilité ;

11° En matière d'élections.

Nous traiterons de ces différentes attributions dans autant de sections spéciales.

SECTION PREMIÈRE.

CONTRIBUTIONS.

« Le conseil de préfecture prononcera sur les de-« mandes des particuliers, tendant à obtenir la dé-« charge ou la réduction de leur cote de contributions « directes » (Loi du 28 pluviôse an VIII, al. 1, art. 4).

D'après ce texte, les contributions auxquelles s'étend la compétence du conseil de préfecture sont les seules contributions directes. Cela s'explique par la nature même des choses. En effet, les contributions directes sont celles qui frappent la richesse dans ses possesseurs actuels; les contributions indirectes, au contraire, frappent certains faits de production, de circulation et de consommation de la richesse, indépendamment des auteurs de ces faits. Les premières se perçoivent par conséquent sur un rôle nominatif des redevables, les secondes sur un tarif de taxation. Or le rôle nominatif des redevables est créé par un acte administratif, tandis que le tarif est créé directement par la loi elle-même. Par conséquent, la réclamation sur ce rôle nominatif, portant sur la réclamation et l'interprétation d'un acte administratif, forme une contestation purement administrative, dont le jugement appartient au tribunal administratif désigné par la loi. Mais, au contraire, le tarif de taxation étant établi par une loi, la contestation ne peut porter que sur une fausse application de la loi, et cette question d'interprétation appartient aux tribunaux de l'ordre judiciaire, qui sont seuls compétents pour en connaître.

Nous avons vu que l'art. 4 prononce sur les demandes en *décharge* ou en *réduction*. Ces demandes ont reçu le nom général de demandes en *dégrèvement :* la décharge est un dégrèvement total, et la réduction un dégrèvement partiel. Ces demandes sont fondées sur un droit, le droit de n'être pas cotisé ou de l'être à une somme moindre. Elles diffèrent par là des demandes en remise ou modération, qui ne sont fondées que sur un simple intérêt, et qui sont portées devant le préfet, par voie de juridiction gracieuse.

Les termes de la loi de pluviôse, qui dit que le conseil prononcera sur les demandes des *particuliers*, montrent qu'il n'est pas compétent pour les demandes formées par les communes, les arrondissements et les départements.

SECTION DEUXIÈME.

TRAVAUX PUBLICS.

Les travaux publics sont ceux entrepris ou concédés par l'État, les départements, les communes et les établissements publics, et présentant un caractère d'utilité générale.

Le contentieux des travaux publics peut porter: 1° sur le cas d'expropriation ; 2° sur les contestations entre les entrepreneurs et l'administration ; 3° les contestations avec les tiers au sujet des dommages ; 4° les contestations avec les tiers au sujet des plus-values.

Le conseil de préfecture n'est compétent ni pour l'expropriation pour cause d'utilité publique, ni pour les contestations au sujet des plus-values. Mais la loi du 28 pluviôse an VIII, par les al. 2, 3 et 4 de l'art. 4 lui défèrent : 1° les contestations entre les entrepreneurs et l'administration ; 2° celles avec les tiers au sujet des torts et dommages provenant du fait des entrepreneurs; 3° celles entre les entrepreneurs et les tiers pour fouilles et extraction des matériaux ; 4° celles entre l'administration et les tiers.

L'al. 2 attribue aux conseils de préfecture la connaissance des contestations « entre les entrepreneurs « de travaux publics et l'administration concernant le « sens ou l'exécution des clauses du contrat. »

Cette disposition, que l'on applique dans le sens le plus large, est une dérogation aux principes généraux, d'après lesquels ce marché, qui n'est qu'un acte contractuel, devrait être soumis à l'autorité judiciaire, mais la promptitude et l'économie qu'exige la confection des travaux publics, justifient cette dérogation, qui fait échapper l'exécution de ces travaux aux lenteurs et aux frais de la procédure judiciaire.

L'al. 3 appelle les conseils de préfecture à prononcer « sur les réclamations des particuliers qui se « plaindront des torts et dommages procédant du fait « personnel des entrepreneurs. »

Le mot *torts* signifie ici les préjudices causés aux personnes, et le mot *dommages* les préjudices causés aux propriétés. Le conseil est compétent, que les dommages soient *temporaires* ou *permanents*, quoique, pour ces derniers, la question ait été longtemps discutée. Mais la Cour de cassation, revenant sur sa propre jurisprudence, a reconnu la compétence administrative par un arrêt du 29 mars 1852.

En vertu de l'al. 4, le conseil connaît des « demandes « et contestations concernant les indemnités dues aux « particuliers, à raison des terrains pris ou fouillés pour « la confection des ouvrages publics. »

L'arrêt du conseil en date du 7 septembre 1755, encore en vigueur aujourd'hui, autorise les entrepreneurs à prendre les matériaux qui leur sont nécessaires sur les terrains indiqués dans les devis des travaux. Le conseil de préfecture n'est compétent qu'au cas où les fouilles ont été autorisées ; si elles ne l'ont pas été, la connaissance de l'affaire appartient aux tribunaux judiciaires.

Le conseil de préfecture connaît encore les cas où les contestations existent entre les tiers et l'administration, si celle-ci exécute les travaux en régie, au lieu de les faire exécuter par concession ou adjudication.

SECTION III.

VOIRIE.

La *voirie*, *latissimo sensu*, est l'ensemble des voies de communication, en tant qu'elles font l'objet des règlements ou de la surveillance de l'autorité publique.

La compétence du conseil de préfecture peut porter, dans des proportions diverses, sur la grande voirie, la petite voirie, l'alignement, la police du roulage et le régime des eaux.

§ 1er. *Grande voirie.*

La voirie se divise, suivant la nature des communications, leur importance et le genre de service auxquelles ces communications sont affectées, en *grande* et en *petite voirie.*

La grande voirie comprend les grandes routes, les rues faisant suite aux grandes routes, toutes les rues de Paris sans distinction, les chemins de fer, les fleuves et rivières navigables et flottables, les canaux, les ports, hâvres et rades.

Le conseil de préfecture a, en matière de grande voirie, une double juridiction, purement administrative d'un côté, et répressive de l'autre. Il statue non-seulement sur les anticipations préjudiciables à la voie publique pour les faire cesser, mais encore sur les contraventions aux règlements de la voirie pour en punir les auteurs.

§ 2. *Petite voirie.*

La petite voirie comprend les chemins vicinaux et ruraux, et les rues et places, excepté celles qui font suite aux grandes routes et toutes celles de Paris.

Le conseil de préfecture n'est compétent que pour les chemins vicinaux; sa compétence ne s'étend ni aux chemins ruraux ni aux dépendances de la voirie urbaine, cependant elle s'applique aussi aux rues et places qui font suite à des chemins vicinaux.

En matière de petite voirie, le conseil de préfecture n'a pas la juridiction répressive; elle est dévolue aux tribunaux de simple police.

§ 3. *De l'alignement.*

L'alignement est l'acte par lequel l'administration détermine la ligne jusqu'à laquelle pourront s'avancer, le long de la voie publique, les constructions des riverains.

Les réclamations au sujet de l'alignement peuvent porter sur l'alignement lui-même ou sur ses suites.

Le conseil de préfecture ne connaît que des réclamations qui portent sur les suites de l'alignement, réclamations qui ne peuvent être que des demandes en indemnité, et il n'en connaît qu'en matière de grande voirie.

Pour l'anticipation et les contraventions à l'alignement, le conseil de préfecture en connaît aussi en matière de grande voirie.

§ 4. *De la police du roulage.*

Les règlements sur la police du roulage, lorsqu'ils ont pour objet la conservation des routes, se rattachent à la police de la voirie.

D'après l'art. 17 de la loi du 30 mai 1851, le conseil de préfecture du département dans lequel le procès-verbal a été dressé n'est compétent que pour les contraventions qui ont pu nuire à la route par suite de la forme de la voiture ou des défauts du chargement, et pour la non-observation des mesures prises pour régler la circulation pendant le dégel, de celles pour la conservation des ponts suspendus etc. Le conseil connaît aussi des contraventions consistant en un dommage produit par le fait du conducteur.

§ 5. *Régime des eaux.*

Nous n'avons à nous occuper ici que des eaux soumises à l'action de l'administration générale. Sous ce rapport, les eaux se divisent en eaux du domaine public et en cours d'eau qui ne sont ni navigables ni flottables.

Le conseil de préfecture est compétent, en vertu de son attribution générale en matière de travaux publics, pour les eaux du domaine public (C. Nap., art. 538), pour résoudre les contestations au sujet des travaux auxquels ces eaux peuvent donner lieu.

Il l'est pour les anticipations et dégradations au régime des eaux, en vertu de son attribution générale en matière de grande voirie.

Pour les cours d'eau non navigables ni flottables, le conseil de préfecture n'est compétent que sur les difficultés relatives à la confection des travaux de curage et d'entretien de ces cours d'eau, et au recouvrement des rôles dressés pour le paiement de ces travaux (Loi du 14 floréal an XI, art. 4). C'est la conséquence de l'attribution que fait aux conseils la loi de pluviôse pour les travaux publics et les contributions perçues au moyen d'un rôle nominatif.

SECTION IV.

DOMAINE NATIONAL.

Le domaine national est l'ensemble des biens d'un État. Il se divise en domaine public et en domaine de l'État proprement dit.

Le domaine public est la partie des biens d'un État qui est affectée à un service public, et ne peut, par conséquent, faire l'objet d'une propriété privée.

Le domaine de l'État, *stricto sensu*, est l'ensemble des biens qui appartiennent en propre à l'État, comme ils pourraient appartenir à des particuliers.

Les domaines nationaux, *strictissimo sensu*, sont ceux qui ont été acquis à l'État en vertu des lois de la Révolution française.

Le domaine de la couronne est la partie des biens de l'État dont le souverain a la jouissance, mais dont la nue-propriété reste à l'État.

Les domaines engagés ou échangés sont les dépendances du domaine de l'État, aliénées par les souverains avant 1790, contrairement au principe d'inaliénabilité de ce domaine.

Les apanages sont les dotations faites aux princes du sang royal, de parties du domaine national.

Le domaine extraordinaire, création du premier empire, comprenait les portions du domaine de l'État, données comme récompenses à de grands services civils ou militaires.

Ce sont là les différentes parties du domaine national. La compétence du conseil de préfecture n'ayant pas à s'étendre sur le domaine public, sur le domaine de la couronne, sur les apanages et sur le domaine extraordinaire, nous ne nous occuperons que du domaine de l'État, des domaines nationaux et des domaines engagés ou échangés, relativement à cette compétence.

§ 1er. *Domaine de l'État et domaines nationaux.*

L'art. 4, al. 7 de la loi du 28 pluviôse an VIII établit que : « Le conseil de préfecture prononcera sur le contentieux des domaines nationaux. »

Cette disposition s'étend non-seulement aux biens nationaux acquis par les lois révolutionnaires, mais encore à toutes les dépendances du domaine de l'État.

Cette compétence était très-étendue, car elle portait, entre l'acquéreur et l'État, sur toutes les difficultés d'interprétation et d'exécution du contrat, et en outre, entre l'État et les tiers, sur toutes les questions de propriétés ou autres droits réels.

En effet, l'art. 94 de la constitution du 22 frimaire an VIII portait qu'après une vente légalement consommée de biens nationaux, l'acquéreur ne pourrait plus être dépossédé, mais que les tiers seraient indemnisés par le trésor public. C'était convertir leurs droits réels en une simple créance sur l'État.

La loi de pluviôse, expliquée ainsi d'avance par la constitution du 22 frimaire, formait une double dérogation au droit commun, car les contestations nées d'un acte administratif contractuel, comme celles portant sur un droit réel, sont du ressort de l'autorité judiciaire.

Aujourd'hui que l'espèce de confiscation prononcée par l'art. 94 de la constitution de frimaire a été virtuellement abrogée par l'art. 66 de la charte de 1814, la jurisprudence du conseil d'État décide que le conseil de préfecture reste compétent pour prononcer sur les difficultés qui peuvent naître au sujet de l'acte de vente, entre l'État et l'adjudicataire ; mais il ne l'est plus pour les droits réels prétendus par des tiers, et à plus forte raison pour les actions en revendication directement intentées contre l'État ou par lui. Toutes ces questions de propriété sont essentiellement du ressort des tribunaux judiciaires.

Il n'y a exception à cette règle que pour la propriété des sources minérales contestée entre l'État et les particuliers, question attribuée aux conseils de préfecture (Arrêté du 6 nivôse an XI, art. 9).

Les partages de biens indivis entre l'État et les particuliers, partages auxquels procèdent les préfets, sont aussi déférés aux conseils de préfecture quant au contentieux qui les concerne. Mais cela est fondé sur ce que le partage n'a pas pour objet de faire reconnaître et constater le droit de propriété dont il suppose au contraire l'existence incontestée.

Le conseil de préfecture a une compétence plus étendue en matière de forêts domaniales. Il connaît non-seulement des difficultés qui s'élèvent entre les acquéreurs et l'administration lorsque l'aliénation partielle de ces forêts a été autorisée, mais le Code forestier lui donne en outre plusieurs attributions importantes.

1° Il statue sur les demandes, formées, soit par l'administration, soit par l'adjudicataire des coupes, dans le but de requérir l'annulation du procès-verbal de réarpentage et de récolement, pour défaut de forme ou fausse énonciation (C. forest., art. 50).

2° Il prononce sur la question de savoir si le pâturage dans les forêts de l'État est devenu d'une absolue nécessité pour les communes qui s'opposent au rachat de ce droit par l'administration forestière (art. 64).

3° Il connaît des contestations sur l'État et la possibilité des forêts (art. 65), ainsi que sur leur défensabilité (art. 67).

La jurisprudence du conseil d'État attribue, sauf deux cas, à la juridiction judiciaire toutes les difficultés concernant la validité, l'interprétation, l'exécution et la résiliation des *baux* de biens de l'État. Cette jurisprudence a reçu sa consécration dans l'art. 4 de la loi du 15 avril 1829 sur la pêche fluviale.

Les deux cas expressément réservés par le conseil d'État sont les suivants :

1° L'art. 2 de l'arrêté du 3 floréal an VIII défère formellement au conseil de préfecture la connaissance des difficultés relatives à l'interprétation et à l'exécution des clauses du bail de location des eaux minérales appartenant à l'État.

2° En matière de location des droits de bac, la loi du 6 frimaire an VIII, dans son ensemble paraît investir la juridiction administrative du droit de statuer sur toutes les difficultés provoquées par le bail ; mais le conseil d'État restreint sa compétence aux demandes en indemnités formées par le fermier contre l'administration pendant la durée du bail.

§ 2. *Des domaines engagés ou échangés.*

L'application de la loi du 14 ventôse an VII est à peu près épuisée aujourd'hui en vertu de la loi du 12 mars 1820, mais avant cela le conseil de préfecture était compétent sur les difficultés provenant de l'engagement ou de l'échange des biens du domaine. Cette compétence lui avait été donnée par la loi du **14** ventôse an **VII**, qui assimila les engagistes et les échangistes aux acquéreurs des biens nationaux.

APPENDICE.

DU DOMAINE DÉPARTEMENTAL ET DU DOMAINE COMMUNAL.

Le conseil de préfecture n'est pas compétent pour les ventes des biens du domaine départemental ou communal, quand même ces ventes auraient été faites dans la forme administrative, car la loi de pluviôse ne parle que du domaine national.

Pour les baux de biens départementaux et communaux la règle est la même que pour les biens de l'État, c'est-à-dire compétence judiciaire, avec les mêmes exceptions. Ainsi, les difficultés sur le sens du bail entre les communes et les fermiers ou régisseurs intéressés des octrois, doivent êtres portées devant le conseil de préfecture (Décret du **17** mai **1809**, art. **136**). De plus le conseil de préfecture connaît des contestation s entre les communes et les propriétaires des halles, relativement à la location forcée de ces halles aux municipalités (avis du **20** juin **1836**).

L'art. **22** de l'ordonnance du **18** juin **1823** étendit les règles relatives aux baux des sources minérales appartenant à l'État, à ceux des sources appartenant aux départements ou aux communes.

Les art. **90** et **112** du Code forestier, combinés avec les art. **50**, **65** et **67**, assimilent aussi les forêts communales et départementales, aux forêts de l'État, quant aux règles de compétence.

En outre, l'art. 90 donne au conseil de préfecture le droit de statuer entre l'administration et la commune sur la conversion en bois et l'aménagement des pâturages communaux.

SECTION V.

ATELIERS DANGEREUX, INSALUBRES ET INCOMMODES.

Le conseil de préfecture connaît :

1° Pour les établissements des deux premières classes, des oppositions postérieures à l'autorisation, celles antérieures étant, d'après la jurisprudence du conseil d'État, portées devant le préfet, quoique cette distinction ne se trouve pas dans le dernier alinéa de l'art. 7 du décret du 15 août 1810, qui dit : « S'il y a opposition, il est statué par le conseil de préfecture.»

2° Pour les établissements de la troisième classe, il connaît du recours contre le refus d'autorisation et du recours des tiers contre l'octroi de l'autorisation, en vertu de l'art. 8 du décret précité qui porte que, s'il s'élève des réclamations, elles seront portées sans distinction devant le conseil de préfecture.

En fait de logements insalubres, le conseil de préfecture connaît :

1° Du recours contre les décisions du conseil municipal déterminant, soit les travaux d'assainissement, les lieux et les délais de leurs exécutions, soit les habitations non susceptibles d'assainissement (Loi du 13 avril 1850, art. 6).

2° Le conseil prononce l'interdiction absolue de location à titre d'habitation (art. 10).

SECTION VI.

SERVITUDES MILITAIRES.

Ce sont là les charges de la propriété foncière, dans l'intérêt de la défense des places fortes.

L'art. 11 de la loi du 17 juillet 1819 attribue au conseil de préfecture en matière de servitudes militaires la double juridiction qu'il a en matière de grande voirie.

L'ordonnance du 1ᵉʳ août 1821 déclare que les procès-verbaux des gardes du génie font foi jusqu'à inscription de faux, et que le conseil est compétent, non-seulement pour appliquer les peines, mais encore pour ordonner la démolition de l'œuvre nouvelle, aux frais des contrevenants.

Il statue encore, sur les réclamations des propriétaires intéressés, contre l'application des limites légales au terrain militaire et aux zones des servitudes défensives (Loi du 17 juillet 1819, art. 9).

Les mêmes dispositions sont reproduites dans les art. 20, 25, 40 et 49 du décret du 10 août 1853.

SECTION VII.

DES MARCHÉS DE FOURNITURES.

Le conseil n'a compétence que dans certains cas particuliers :

1° Pour les marchés de fournitures de matériaux nécessaires à l'exécution des travaux publics, en vertu de l'attribution générale de l'art. 4 de la loi de pluviôse, al. 2, 3 et 4.

2° Pour les marchés pour services de transport sur

les dépendances de la grande voirie (art. 4, al. 5).

3° Pour le recours contre le rejet total ou partiel par le major d'un régiment, des fournitures d'habillements et d'étoffes, d'équipement et de harnachement (Décret du 22 avril 1812, art. 2).

4° Pour les marchés pour le service des maisons centrales de détention. Cette dernière attribution lui est faite par la jurisprudence du conseil d'État, qui ne s'appuie sur aucun texte précis.

SECTION VIII.

MINES.

Le conseil de préfecture est compétent pour statuer sur les réclamations contentieuses que peuvent soulever les obligations des concessionnaires envers l'État. Il prononce donc :

1° En vertu de l'art. 37 de la loi du 21 avril 1810' et conformément à la règle ¡générale établie en matière de contributions directes, sur les demandes en décharge ou en réduction des redevances sur les mines ;

2° En vertu de l'art. 5 de la même loi, sur les demandes en décharge ou en réduction des taxes d'assèchement des mines.

De plus, les travaux d'assèchement des mines étant assimilés aux travaux publics, le conseil de préfecture connaît, en vertu de l'art. 5 de la loi du 27 avril 1838, des réclamations relatives à ces travaux.

Il connaît aussi, par une raison analogue :

1° De toutes les questions d'indemnité demandées aux propriétaires actuels à raison des recherches ou travaux antérieurs à l'acte de concession (Loi du 25 avril 1810, art. 46) ;

2° Des indemnités dues par les propriétaires des mines aux propriétaires de la surface du terrain où sont établis les travaux (*ibid.*, art. 43 et 44).

SECTION IX.

ADMINISTRATION COMMUNALE.

Nous avons déjà eu à examiner plusieurs cas où le conseil de préfecture a compétence contentieuse en matière d'administration municipale; il nous reste à citer les cas suivants :

1° Les contestations relatives au partage des biens communaux et de leurs fruits (Loi du 10 juin 1793, sect. V, art. 1 et 2; Loi du 9 ventôse an XII, art. 6).

2° Les usurpations des biens communaux (Loi du 9 ventôse an XII, art. 6 et 8; Avis du conseil d'État du 8 juin 1809; Ordonn. royale du 23 juin 1819, art. 6).

3° Les ventes de biens communaux faites en vertu de la loi du 20 mars 1813, ventes qui sont faites par la régie de l'enregistrement, ce qui les assimile aux ventes des biens de l'État, et les fait par conséquent tomber sous l'application de la loi du 28 pluviôse an VIII.

4° Les contestations entre les départements et les hospices au sujet des indemnités qui peuvent être réclamées pour l'entretien des asiles d'aliénés (Loi du 30 juin 1838, art. 28).

5° Les contestations auxquelles donne lieu l'administration des monts de piété (voy. divers décrets, notamment ceux du 30 juin 1806, art 120; et du 10 mars 1807, art. 125).

6° Les contestations entre les communes et les propriétaires de bois au sujet du rachat des droits de pâturage (C. forest., art. 64 et 120).

7° Les difficultés relatives à la perception du droit des pauvres sur les billets d'entrée aux spectacles et autres réunions publiques (Décret du 8 fructidor an XIII, art. 3; et du 21 août 1806, art 3).

8° Les contraventions aux règlements sur la conservation des eaux de Baréges (Décret du 30 prairial an XII, art. 4).

SECTION X.

COMPTABILITÉ.

Le conseil de préfecture a l'attribution contentieuse, avec recours exceptionnel à la cour des comptes, de juger et d'approuver, jusqu'à concurrence d'un revenu de 30,000 fr., les comptes :

1° Des receveurs municipaux (Loi du 18 juillet 1837, art. 64).

2° De toute personne qui, sans autorisation légale, se sera immiscée dans le maniement des deniers de la commune, fait qui par lui-même la rend comptable (*ibid.*, art. 64).

3° Ceux des hôpitaux et des établissements de bienfaisance (*ibid.*, art. 66).

4° Ceux des receveurs des octrois (Ordonn. du 15 juillet 1824, art. 1er).

5° Ceux des économes des écoles primaires (Ordonn. du 7 juillet 1844, art. 1er).

SECTION XI.

ÉLECTIONS.

Suivant qu'elles ont pour but de nommer des représentants à des intérêts généraux ou à des intérêts spéciaux, les élections présentent un caractère politique ou un caractère purement civil.

En fait d'élections politiques, le conseil de préfecture est compétent lorsque la réclamation est faite dans l'intérêt de la loi, quand le préfet estime que les formalités et les délais prescrits pour la révision annuelle des listes électorales de tout ordre n'ont pas été observées. Il doit soumettre, dans les deux jours de la réception du tableau des additions et retranchements, les opérations du maire au conseil de préfecture (Décret du 2 février 1852, art. 4).

En matière d'élections départementales, le conseil juge, sur la dénonciation du préfet, dans la quinzaine, ou sur les réclamations des parties, dans les cinq jours, la question de la nullité dont peuvent être entachées les opérations électorales (Loi du 22 juin 1833, art. 50 et 51).

En matières d'élections municipales, la compétence du conseil de préfecture est réglée par les art. 45 à 47 de la loi du 5 mai 1855. Le conseil est saisi pour toutes les réclamations, sauf à lui, s'il y a une question d'État préjudicielle, à les renvoyer devant le juge compétent. Les délais sont les mêmes pour la dénonciation du préfet et les réclamations des parties qu'en cas d'élections départementales. Le recours au conseil d'État est expressément réservé.

En fait d'élections non politiques, le conseil de préfecture ne connaît que de celles des prud'hommes (Loi du 1er juin 1853, art. 8), d'après les distinctions établies par la loi pour les réclamations sur les élections municipales.

CHAPITRE III.

PROCÉDURE SUIVIE DEVANT LES CONSEILS DE PRÉFECTURE.
SECTION PREMIÈRE.

MODE DE PROCÉDER.

Aucune loi ni aucun règlement spécial n'établit un système de procédure à suivre devant le conseil de préfecture. Ce système a été fondé, par la jurisprudence du conseil d'État, sur des analogies soit avec le Code de procédure civile, soit avec les formes suivies devant le conseil d'État lui-même, en vertu du décret du 22 juillet 1806.

Les caractères essentiels de la procédure devant le conseil de préfecture sont la simplicité des formes et l'absence des nullités et des déchéances.

Dans la pratique, les demandes formées par des particuliers et introduites par voie de pétition, sont généralement portées devant le préfet, qui saisit le conseil.

Pour les demandes formées par l'administration, les particuliers sont valablement appelés par une notification administrative, sans qu'il soit besoin d'une assignation.

L'instruction a lieu par écrit, au moyen de mémoires transmis au conseil par le préfet, à qui ils doivent être adressés.

Il n'y a devant le conseil ni avoués, ni avocats, ni ministère public, et le débat n'est ni oral ni public.

La communication des pièces de chaque partie est donnée à l'autre, par la voie des bureaux, sans formalités prescrites.

Les mémoires peuvent être signifiés à la partie adverse par le ministère d'un huissier, mais sans qu'il y ait rien d'obligatoire à ce sujet.

Les demandes incidentes, les interventions, les mises en cause etc. etc. sont introduites par la même voie. Un incident de faux, ou une question d'État préjudicielle, doivent être renvoyés devant le tribunal civil.

SECTION II.

DES VOIES DE RECOURS.

L'opposition aux arrêtés du conseil de préfecture rendus par défaut doit être portée devant le conseil lui-même. De même qu'en droit commun, elle est recevable jusqu'à l'exécution, et son effet est suspensif.

L'appel n'est pas recevable contre les arrêtés par défaut.

L'appel est porté devant le conseil d'État, avec une seule exception, qui est, comme nous l'avons vu en matière de comptabilité, où il est porté devant la Cour des comptes.

L'appel est désigné sous le nom de *pourvoi*, et ce pourvoi doit être formé dans le délai de trois mois, à partir de la notification de l'arrêté attaqué (Décret du 22 juillet 1806, art. 11). Le pourvoi n'est pas suspensif dans son effet, sauf ordonnance contraire (*ibid.*, art. 3).

La tierce-opposition est portée devant le conseil qui a rendu l'arrêté attaqué par cette voie. Elle peut l'être pendant trente ans, à compter du jour où l'arrêté est arrivé à la connaissance du tiers qui se trouve lésé par lui.

Les autres voies de recours sont exclues comme incompatibles avec la notion du contentieux administratif.

———

Vu par le professeur,
soussigné président de l'acte public.
Strasbourg, le 10 février 1862.
HEIMBURGER.

Permis d'imprimer,
Strasbourg, le 11 décembre 1862
Le Recteur, DELCASSO.

www.ingramcontent.com/pod-product-compliance
Ingram Content Group UK Ltd.
Pitfield, Milton Keynes, MK11 3LW, UK
UKHW022037170726
13837UKWH00002B/648